AF205273

Günter von Hummel

Das vertikale Ich
Ein Weg zur selbstanalytischen Praxis

Das Umschlagsbild der Malerin T. Heydecker hat den Titel ‚Wer spricht mich?‘ Wer macht, dass Kopf, angedeutete Augen und all die Gegenstände und Spiegelungen einen gemeinsamen Namen haben, der Ich ist? Obwohl vieles in der Horizontalen aufgestellt ist, in der die Möbelstücke Geltung haben, hat das Bild doch eine vertikale Richtung, dessen Ich alles durchdringt.

© 2020 von Hummel, Günter
Herstellung und Verlag: BoD – Books on Demand
Norderstedt
ISBN: 9783750471177
Lektorat: S. Möckel, München

Inhaltsverzeichnis

Vorbemerkung

Am Anfang steht der Mangel, die minus Eins (-1), schreibt der französische Psychoanalytiker J. Lacan und erklärt damit, dass es unsinnig ist sich zu fragen, was es vor der Entstehung des Universums, vor dem Urknall, gegeben haben könnte. Denn die Mathematik vermittelt das Reale; die Wissenschaften selbst befinden sich in einer Sackgasse, es sei denn, man versteht die Psychoanalyse als eine Wissenschaft v o m Subjekt, die einen logischen Ausweg bietet. In der Psychoanalyse Lacans repräsentiert nämlich ein Subjekt als die eine Eins eine Null für eine andere Eins, ein anderes Subjekt. Gemeint sind die menschlichen Subjekte, die sich in der analytischen Psychotherapie gegenüberstehen, und da sie voneinander nichts wissen und auch keine festgelegte Thematik haben, müssen sie frei sagen, was sie denken, was sie träumen oder was sie aus jedem Muckser heraushören, den sie eine Freud'sche Fehlleistung nennen.

Egal, es genügt zu wissen, dass der Urknall nur eine Reaktion auf den Mangel ist, und damit er nicht seit Milliarden von Jahren durchs Universum tönt oder trompetet, hat man ihm wie Adam die Eva die Inflation, eine Art irrer Ausdehnung, eines Es *Strahlt* zur Seite gestellt. Eine Inflation, die allerdings gleich wieder in sich zusammengefallen ist, wonach sich nun Energie und Materie hat bilden können. Und auch das ist wieder ein gutes Modell für die Psychoanalyse und andere Bereiche. In der Psychoanalyse werden nämlich zwei primäre Grundkräfte, Grundtriebe, angenommen, die unbewusst sind und den gleichen Mangel des Anfangs überdecken. Freud nannte sie Eros-Lebens- und Todes-Trieb, doch Lacan meinte, es sei besser vom Wahrnehmungs- bzw. Schautrieb und vom Entäußerungs- bzw. Sprechtrieb zu reden, die je nach der Art ihrer Kombination verschiedene seelische Konstellationen, Zustände oder eben Arten der Subjekt-Präsenz verkörpern.

Man kann die Triebe nicht direkt messen, man kann sie nur aus den Beobachtungen extrapolieren. Sie wirken, aber sind sie wirklich nur das Ergebnis biologischer Vorgänge? Lacan hat vorgeschlagen, der ausgedehnten Substanz des Aristoteles, der denkenden Substanz Descartes, die genießende Substanz Freuds dazu zustellen. Aber was ist Substanz? Ist der Trieb die genießende Substanz? Ich denke, ich muss nicht mehr in dieser Vorbemerkung sagen, denn schon aus den paar genannten Begriffen wird sich im Folgenden alles andere ableiten.

Ich werde noch zeigen, dass für die Psychoanalyse die unbewusste Präsenz des Subjekts hauptsächlich durch die Sprache, also durch eine symbolische Ordnung, durch das Wort-Wirkende verstanden und erfasst wird. In dem von mir inaugurierten und in diesem Buch vorgestellten Verfahren der *Analytischen Psychokatharsis* wird es mehr um das Bild-Wirkende, die imaginäre Ordnung gehen. Ich nenne sie analog zu dem eingangs Gesagten ein (meist unbewusstes) Es *Strahlt* (Lacan: ultrasubjektives Ausstrahlen) und demzufolge das Wort-Wirkende auch ein Es *Spricht*. Mehr Vorrede braucht es nun wirklich nicht.

1. Die Psychoanalyse neu erfinden

Lange Zeit habe ich geglaubt, dass die Psychoanalyse eine dritte Wissenschaft ist, die sich neben den Natur- und Geistes-Wissenschaften etabliert hat. Sie geht davon aus, dass die Natur des Menschen seine Beziehung zum Menschen ist, und das Wort Natur mir darin besonders gut gefallen hat. Doch was ist dann die Natur der Natur, dachte ich mir blödsinniger Weise und fing an, die Natur der Wissenschaften genauer zu hinterfragen. Dazu passt, dass sich der bereits zitierte französische Psychoanalytiker J. Lacan sich in seinem vierundzwanzigsten Seminar die Frage stellte, ob der klassischen Psychoanalyse nicht die Natur eines „Autismus zu zweit" zu Grunde liegt. Schließlich verurteilen sich in der psychoanalytischen Sitzung der Analytiker und sein Patient dazu, dass sie, obwohl keiner vom anderen etwas weiß und sie wie gesagt auch keine feste Thematik haben, ein paar hundert Stunden zusammenzusitzen (scheinbar konsterniert nur jeder für sich).

Freilich ist dies so ganz nicht der Fall. Sie tun nur etwas anderes als das, was üblicherweise passiert: Zusammensitzen und über alles Mögliche gescheit (im Allgemeinen oder im Gelehrten-Jargon) daherreden, obwohl klar ist, dass niemand tief Persönliches, Wahrhaftes, Enthüllendes, Grundlegendes, Ehrliches etc. von sich gibt. All die Musterbürger sind Fassaden-, Pseudo- und In-die-Kulissen-Redner. Ganz anders verhält es sich mit dem Psychoanalytiker und seinem Patienten, wenn sie in der herkömmlichen Form dieser Therapie wie ein „Autismus zu zweit" agieren. Denn dies klingt ja so, als würden sie in genialer Weise so aneinander vorbeireden, dass gerade dadurch ein erleuchtender Funke entsteht, wenn sie mitten in dieser Paradoxie doch einmal perfekt zusammentreffen.

Bei ihnen geht es also vielleicht so zu, wie wenn jemand, der gerne Bücher liest, in einer Kleiderladen geht und den Verkäufer um einen guten Roman bittet. Auch diese beiden stehen sich erst einmal konsterniert gegenüber. Doch vielleicht frägt der Verkäufer schelmisch zurück: Weich und warm verfasst, verfertigt wie Flanell oder kühl und leicht wie Leinen? Immerhin, so ganz aneinander vorbei werden die beiden dann nicht reden. Der Verkäufer nimmt das Wort vom ‚guten Roman' allegorisch, der Käufer will wohl ein Kleidungstück, das wie ein ‚guter Roman' passend sein soll. Es geht um zwei Qualitäten, gut und romanhaft, die wie Flanell oder wie Leinen genommen werden können, und über die sich zwei Fremde, zwei Autisten einigen könnten, obwohl sie scheinbar nicht die gleiche Sprache sprechen oder – um den Naturbegriff noch einmal aufzunehmen – unterschiedliche Naturen sind.

Ganz im Gegensatz dazu steht das, was der Wissenschaftsjournalist M. Gladwell in seinem neuesten Buch schreibt, dass nämlich die Menschen zu viel von dem glauben, was ihnen andere, speziell auch Fremde, sagen.[1] Sie scheinen total übereinzustimmen und kommen damit doch nicht zu einer Einigung, sondern reden stän-

---

[1] Gladwell, M., Die Kunst nicht aneinander vorbeizureden, Rowohlt (2019)

dig aneinander vorbei, obwohl sie die gleiche Sprache verwenden und auch von Natur her gleich sind. Sie sprechen, aber wie die oben zitierten Fassadenredner sagen sie sich nichts, während der Kleiderverkäufer und sein Kunde sich vielleicht mehr sagen als nötig ist, aber dazu nur zwei Worte (Qualitäten) benötigen. Sie scheinen aus der Zeit gefallen zu sein, während die Personen in Gladwells Bestseller ständig darauf aus sind, in Form von Verhören, wichtigen Gesprächen und Missbrauchsbeurteilungen auf der Höhe gegenseitiger Verständigung zu sein.

Bevor ich wieder zu Gladwell zurückkomme, nochmals zur Psychoanalyse. In ihr umkreisen sich also zwei Protagonisten als zwei Unbekannte wie in einem unzugänglichen Urwald oder irgendeinem anderen, sonst völlig menschenleeren Land wie zwei Autisten. Der Überlebenskünstler Rüdiger Nehberg traf einmal im Regenwald Brasiliens auf so jemanden, der wie er dort herumstreifte, aber Nehberg hatte nicht viel in der Hand, während der andere gut gerüstet schien. Nehberg war beim Survival-Training, wo man nicht einmal ein Messer dabei haben durfte, und so war er etwas in Panik. Die beiden begrüßten sich zwar freundlich, aber konnte der andere nicht doch denken, dass Nehberg genug Geld mit sich trug oder ihn aus anderen Gründen mir nichts dir nichts umbringen konnte? Sie stellten eine dritte Art des aneinander Vorbeiredens oder besser dar, die aus Sprachlosigkeit besteht.

Niemand würde davon erfahren, wenn einer dem anderen etwas antäte, zig kilometerweit gab es keinen Menschen. Nehberg griff zu einer List und rief mit lauter Stimme Roberto oder Mattheo, so als wäre er mit einem Freund zusammen, der sich in Rufweite aufhielt. Damit andeutend, dass er nicht allein war, konnte er nun mit dem Fremden ein paar gekünstelte Worte wechseln und sich von ihm ein Bild machen, aus dem heraus das Gegenüber besser einzuschätzen war. Noch bevor Roberto oder Mattheo erneut gerufen werden musste, konnte man sich wieder trennen und dem Fremden gute weitere Wanderschaft wünschen. Ein derartiges Verhalten war genau im Gegensinne Gladwells gewesen: Aneinander vorbei aber ausnahmsweise doch gut verlaufen.

Gladwell ist nämlich der Auffassung, dass die meisten Menschen sich in einem prekären „Wahrheitsmodus" befinden, in dem man wie gesagt zuerst einmal alles glaubt, was der Andere, vor allem auch der Fremde, einem sagt, auch wenn dies seltsam, ungut, missgünstig oder fragwürdig ist. Der Autor beschreibt Fälle aus der Politik, Kriminologie sowie von Missbrauch und anderen affektiv aufgeladenen Situationen, die meist nicht gut ausgehen, weil autistisch aneinander vorbeigeredet wird. Was er meint, ist jedoch eigentlich der Modus einer antizipierten Wahrheit, eines zu voreiligen Schließens, einer verbalen Beziehungsnaivität. Das eben ist beim Psychoanalytiker genau umgekehrt, denn der glaubt seinem Patienten gar nichts. Auch wenn dieser nicht offen lügt, so weiß der Psychoanalytiker dennoch, dass er auf jeden Fall nicht die Wahrheit sagt. Während der Kleiderverkäufer weiß, dass der Andere nicht das will, was er sagt, aber die Wahrheit in der Luft liegt, weiß der Analytiker nur, dass die Wahrheit im Unbewussten liegt. Der Käufer bekommt schließlich einen Text. . ., ein Textil. Aber was bekommt der Patient in der Psychoanalyse?

Er bekommt die Wahrheit in Form des von Freud entdeckten ,infantil Sexuellen', das selbst noch spät im Leben des neurotisch Kranken im Unbewussten versteckt geblieben ist. Diese Wahrheit muss anhand des Prekären oder Allegorischen in der infantilen Struktur des Begehrens selbst gefunden werden, weil sie noch unbewusst ist und nur durch viele und lange Gespräche geklärt werden kann. Der Psychoanalytiker muss seinen Patienten aus dessen Versteck durch das Angebot der ,freien Assoziation' herauslocken. Frei zu sagen, was immer ihm einfällt, erinnert an den Kunden im Textilladen, was den Verkäufer nötigt, kühne Vergleiche zu ziehen, und ermöglicht dem Therapeuten, zwischen den Zeilen, zwischen den Assoziationen, das zu Entschlüsselnde zu deuten.

Nun kommt der Patient zwar zum Psychoanalytiker, um solch eine Klärung zu finden, die seine Symptome heilen kann, aber er leistet Widerstand, er will die Wahrheit nicht sofort und nicht so ganz genau finden, er versteckt sich in sich selbst. Er riskiert ein aneinander Vorbeireden, indem er sich ja um Therapie bemüht, aber ein Misslingen dem Therapeuten in die Schuhe schieben kann. Demgegenüber verstecken sich die Menschen bei Gladwells Beschreibungen nicht vor sich selbst, sondern vor den anderen, was besonders deutlich bei den Schilderungen von Doppelagenten herauskommt. Eine Agentin, die beim amerikanischen CIA als Spionin angestellt

war, so erzählt Gladwell, musste sich bei den vorge-
schriebenen halbjährlichen Testungen durch ihre Chefs
vor dem selbigen verstecken, weil sie in Wirklichkeit
für den kubanischen Geheimdienst tätig war. Doch erst
nach zwanzig Jahren wurde sie verhaftet, obwohl es bei
diesen Befragungen schon vorher immer wieder einmal
Verdachtsmomente gegeben hat, dass sie Gegenspiona-
ge betreibt. Auch sie – Geheimdienstlerin und Prüfer -
waren sich demnach gegenseitig Autisten.

Einmal hat die Doppelagentin mit einer Antwort zu lange gezögert, ein anderes Mal war sie eindeutig verwirrt.
Der Befrager hatte wissen wollen, ob bei einem Nach-
Hause-Weg von ihrem Büro etwas vorgefallen war oder
sie jemanden Bekannten gesehen hätte. Hatte sie, aber
es war einer ihrer kubanischen Kollegen gewesen, bei
dem sie natürlich so tun musste, als kenne sie ihn nicht.
Denn es galt aber als vereinbartes Zeichen, die Zentral-
stelle in Havanna anzurufen. Schließlich kann ein Geheimdienstler nicht einfach am Telefon angerufen werden. Nicht einmal ein Augenzwinkern durfte sie sich
leisten, als sie den Kollegen sah. Erst danach rief sie in
Kuba an.

Trotzdem war es ein Riesenproblem, wenn der eigene,
hier jetzt der amerikanische Kontrolleur, sie so dezidiert
fragte, ob sie auf dem Nach-Hause-Weg jemanden gesehen hätte. So eine Frage klingt doch nicht nach reinem
Zufall, der Befrager musste wohl alles wissen. Er musste von diesem Erkennungszeichen erfahren haben, oder
nicht? Denn er hätte auch fragen können, „haben Sie vor
Tagen einen Anruf aus Kuba bekommen"? Oder: „Wo

waren Sie vorgestern"? Alles konnte Finte oder Wahrheit sein. Die Doppelagentin brach wegen der Frage
nach dem Nach-Hause-Weg fast zusammen, der Kolle-
ge aus Kuba konnte ja etwas verraten haben. Sie sagte
aber schlicht ‚nein‘, sie haben niemand gesehen, und –
es passierte nichts. Der Befrager befand sich im „Wahrheitsmodus" und glaubte ihr. Die sichtbaren Assoziationen ihrer Verwirrtheit wurden nicht genutzt. Erst viel
später wurde sie enttarnt.

Die beiden psychoanalytischen Autisten, der Therapeut
und sein Patient, versuchen jedoch ständig, sich zu ent-
tarnen, denn sie haben sonst nichts zu sagen. „Es gibt
jedoch eine Sache, die es möglich macht, diesen Autismus aufzubrechen, nämlich dies, dass die Sprache eine
gemeinsame Angelegenheit ist und eben das ist der Garant dafür, dass die Psychoanalyse nicht irreduzibel
hinkt, von dem her hinkt, was ich soeben ‚Autismus zu
zweit‘ genannt habe".[2] Es ist also nicht so schlimm,
wenn sich zwei Menschen total fremd, jeder nur auf sich
bezogen, zusammensetzen, um sich auszusprechen und
sich zu enthüllen, wenn sie die gemeinsame Angelegenheit nutzen, nämlich die sich total öffnende und enthül-
lende Sprache. Genau dies tun natürlich die Doppelagenten nicht, weshalb es also gegensätzlich wie in der
Psychoanalyse zugeht. Sie versuchen die Sprache zu
pervertieren, sie demnach für alles andere als zur Kommunikation oder gar zur Enthüllung zu nutzen.

---

[2] Lacan, J., Seminaire 24 von 19. 4. 1977, übersetzt von R.
Nemitz.

Aber genügt es wirklich immer, zu jeder Zeit und mit jedwedem sich offen auszusprechen, wenn man dies will? Es könnte ja doch so sein, dass keiner mit dem Satz des anderen auch nur das Geringste anfangen kann, dass also zum Beispiel der Verkäufer seinen Kunden für verrückt hält. Oder der Patient in der Psychoanalyse einen Es-Widerstand hat, also nicht nur von seinem Ich her, sondern aus der Tiefe seines Es, seiner Triebkräfte her, den Enthüllungen eines ‚infantil Sexuellen‘ eine Blockade entgegensetzt. Aus diesem Grunde, dem des perfekten Nicht-Verstehens und Nicht-Begreifens versuchte der bekannte Linguistiker N. Chomsky einen grammatikalisch einwandfreien Satz zu finden, der sinnlos ist.

Chomsky wollte damit zeigen, dass das Wesen der Sprache nur formal erfasst werden kann und nicht rein inhaltlich. Er wollte, dass seine generative Grammatik die Urformel schlechthin darstellt, und Semantik, also Bedeutungszusammenhänge und anderes darauf aufgesetzt entwickelt werden. Der Satz, den Chomsky schließlich fand, und der inhaltlich völlig sinnlos sein sollte, lautete folgendermaßen: „Colorless green ideas sleep furiously" (farblose grüne Ideen schlafen fürchterlich). Klingt ja wirklich ziemlich chaotisch. Nun ist dieser Satz absolut nicht sinnlos.

Er wurde vielleicht in einer Zeit erfunden, als es noch keine Grünen Parteien gab oder entsprechende Politiker. Denn dass ‚grüne Ideen‘ ‚farblos‘ sein können und vielleicht sogar gerade dadurch ‚fürchterlich schlafen‘, klingt – zumindest psychologisch – gar nicht so unsinnig. Politisch mag man darüber diskutieren oder gar das Gegenteil zutreffen, auch außerhalb des Politischen hat der Satz Sinn. Später haben die Linguisten daher einen anderen Satz gewählt: „Der Gnafel gircht, dass Inkeln schnofel sind". Aber auch hier ist eindeutig – vielleicht sogar noch besser als im ersten Satz – ein Sinn zu eruieren.

Der ‚Gnafel' ist vielleicht ein Jemand, möglicherweise eine mythisch märchenhafte Figur, ein Kobold oder Gnom, egal, er ist auf jeden Fall einer, der offensichtlich keine moderne Sprache spricht. Er mümmelt, raunzt, grunzt, röchelt ‚gircht' oder artikuliert sich irgendwie sonst. Zudem wird ganz klar etwas ausgedrückt, und zwar dass die ‚Inkeln' (wohl ähnliche und doch gegensätzliche Wesen als die ‚Gnafels', denn beide Namen klingen nach mittelalterlichen, seltsamen Gestalten) ‚schnofel' sind (blöd, schäbig, schofelig oder was auch immer eher Abwertendes gemeint ist). Die Aussage dieses Satzes ist also klar und nicht sinnlos.

Lacan meint daher zu Recht, dass jeder Satz – wie entstellt er auch sein mag – Sinn habe. Er wollte damit auf den Sinn des Unbewussten hinweisen, jenes seelischen Bereiches, der – wie er sagt – ‚wie eine Sprache strukturiert ist' und damit sich auch irgendwie sinnvoll artikulieren kann, auch wenn es nicht von selbst geschieht. ‚Wie eine Sprache' soll eben heißen: das Unbewusste ist einer symbolischen Ordnung, einer Laut-Zeichen-Ordnung folgend so aufgebaut, dass die Dimension des logischen sich Vermittelns vollständig vorhanden ist, in der – umgekehrt zu Chomskys Theorie – die Wahrheit (und damit freilich auch die Lüge) eine entscheidende Rolle spielen können.

Denn die Natur und auch die nüchterne Linguistik selbst kennt keine Wahrheit. Es gibt in ihr vielleicht Begriffe wie ‚richtig' im Sinne von passend und ‚falsch' (negativ, unangepasst), aber nicht Wahrheit und Lüge. Auch Gladwells Doppelagentin log nicht, wenn sie ‚nein' sagte, denn sie ging ja an dem Kollegen vorbei als hätte es ihn nicht gegeben. Etwas gesehen zu haben, das es nicht gibt – darauf konnte sie mit ‚nein' antworten. Für einen Doppelagenten wäre es katastrophal zu lügen, er käme aus dem Lügengespinst eines Tages nicht mehr heraus. Zwischen ihr und ihrem Befrager ging es nur um richtig oder falsch. Richtig war, eine perfekte Spionin für die Amerikaner zu spielen, nein, zu sein. Darauf musste sie alle ihre Aussagen einrichten. Ihr Verhängnis war, dass ihr das totale aneinander Vorbeireden nicht mehr gelang.

Wie sie später, als die Amerikaner sie zum Tode verurteilen wollten, glaubwürdig argumentierte, sei sie zur Spionage nur deswegen gekommen, weil ihr die von Amerika drangsalierten Kubaner leidtaten. Das war die Wahrheit, doch die galt nicht mehr, oder war auch nie wirklich gefragt. Mitleid war nicht richtig und nicht falsch. Gefragt war das ‚mentir vrai', das Lügen-Wahre, wie es eine psychisch kranke Frau benutzte.[3] Und so verwenden die Geheimdienstler wie auch viele heutige

---

[3] Granon-Lefont, J., Topologie Lacanienne et Clinique Analytique, Point Hors Ligne (1990) S. 25 - 40

Wissenschaftler – wie Lacan weiter sagt – das ‚präformierte Modell einer richtigen und als wahr geltenden Antwort'– und legen nicht Wert auf den Kampf um das Wesen der Sprache und um die grundlegende Wahrheit.[4] Sie sprechen alle so, dass man darauf nur mit einer definitiven Antwort reagieren kann, ansonsten ist gar nicht gesagt.

Sie befinden sich also im Modus eines präformierten Gesprächsmodells, einer grundsätzlichen Kommunikationslüge, in der es eben nur um richtig und falsch geht, obwohl behauptet wird, man suche die Wahrheit. Aus diesem Vorbeireden, diesem Falsch-Richtigen, diesen nicht sinnlosen, aber wertlosen Sätzen, wird die Wahrheit stets umgangen, erlogen oder ganz vernichtet. Das Falsch-Richtige, das ‚Präformierte', ist eine Kategorie im Bildhaften, im Imaginären, im Bild-Wirkenden, während die ‚wahre Antwort' eine Kategorie im Worthaften, Symbolischen, Wort-Wirkenden ist. Deswegen versuche ich in diesem Buch mit dem Konzept des ‚vertikalen Ichs' eine Institution zu schaffen, die über diese beiden Kategorien hinausgeht, indem sie sie in engster Weise kombiniert.

Klingt rätselhaft, aber es geht um nichts anderes, als man in den sechziger und siebziger Jahren des letzten Jahrhunderts heftig darüber diskutierte, ob man mit den Kommunisten reden und sich wahrheitsmäßig mit ihnen verständigen kann. Viele sagten, dass die Kommunisten doch nur die Weltrevolution wollen, und dass sie somit ein Gespräch nur für ihre Zwecke, als Ablenkung sozu-

---

[4] Lacan, J., Seminar I, Walter (1986) S. 202

sagen, nutzen würden, und dass hintenherum die Sow-
jetunion doch den Angriff auf den Westen weiter voran-
triebe (das ist das bildhaft ‚Präformierte‘). Und tatsächlich, in der Kubakrise 1962 wollten die Russen gerade
Raketen installieren, die weit nach Amerika gereicht
hätten, kehrten aber um, als der damalige Präsident J. F.
Kennedy mit einem Atomkrieg drohte, was auch nicht
die verbindlichste Sprache war. Aber der Friede blieb
gewahrt, und so war es die richtige, fast wahrhafte Antwort.

Bezüglich der Wahrheit existiert aber eine bessere
Kombination dieser beiden Grundkategorien, die auch
für mein weiteres Schreiben wichtig sein werden. Bessere Kombination, indem sie aus dem Inneren eines jeden Einzelnen kommen kann, wofür ich hier mit dem
‚vertikalen Ich‘ eine Hilfe zur Selbsthilfe anbieten will,
das die Psychoanalyse etwas umkrempelt. Denn heute
ist eine Psychoanalyse notwendig, die nicht mehr von
außen an einen herangetragen wird, sondern die aus
dem Inneren jedes Einzelnen kommt. Seit Jahrzehnten
ist keine Änderung in der Handhabung der Psychoanalyse zu sehen, alles nur Routine. Wir sehen in den Nach-
richten die schaurigsten und negativsten Dinge, hören
die Politiker gescheit daherreden, und wissen dabei,
dass nichts passieren wird. Da nutzen keine Revolutio-
nen mehr wie sie die Psychoanalytiker G. Deleuze und
F. Guattari in den 68er Jahren angezettelt haben. Die
Änderungen müssen vom Einzelnen kommen.

Im Kongress vom 7. - 9. 7. 1978 konnte Lacan noch darauf hinweisen, dass „das Unbewusste vielleicht ein

Freud'scher Wahn ist, es erklärt alles, aber wie ein gewisser Karl Popper, Philosoph, das gut ausgedrückt hat, es erklärt zu viel".[5] Man benötigt demnach für die heutige Zeit tatsächlich eine andere Psychoanalyse, die den ‚Autismus zu zweit' in den Einzelnen hineinverlagert, weil dann schnellere, ja doppelte Ergebnisse zustande kommen, die dringend gebraucht werden. Ich erkläre später noch, was genau damit gemeint ist.

Zu viel erklären führt immer zu einer suggestiven Untermauerung des zu Sagenden und zu überbordenden Sinnversuchen. Genauso wie bei den „Colorless green ideas sleep furiously", wo nur mit fünf Worten trotz totaler Verdrehung ein klarer Sinn ausgedrückt wird, ist auch im Unbewussten der Sinn in Überfülle da, und man muss eine gute Methode haben, um den wirklich bildhaften und zugleich worthaften Sinn herauszuholen. Den, wo es sich zeigt, wo es sich offenbart, und wo es nicht nur allegorisch, versteckt, verlogen, falsch/richtig herbeigeredet wird, sondern von sich aus in der gelungenen Kombination der beiden Kräfte (bild- und wort-Wirkend) wahr, direkt, authentisch spricht, wodurch jeder daran teilnehmen kann.

Auf dem gerade genannten Kongress meinte Lacan wohl wegen der mangelnden Betonung auf dem Bildhaften und sich Zeigenden, dass die Psychoanalyse nicht richtig übermittelbar sei. Man kann zwar psychoanalytische Therapien durchführen, aber den ausgebildeten Psychoanalytikern selbst gelingt es nicht, die Freud-

---

[5] Lacan, J., Kongress über die Vermittlung der Psychoanalyse vom 9. 7. 1978

sche Pioniertat in dieser Inhaltlichkeit und Größe neu zu vermitteln. „Die Psychoanalyse ist nicht übermittelbar. Es ist schon ziemlich ärgerlich, dass jeder Psychoanalytiker gezwungen ist – denn er muss ja dazu gezwungen werden – die Psychoanalyse neu zu erfinden. . . Es ist notwendig . . dass jeder Psychoanalytiker neu erfindet, auf welche Weise die Psychoanalyse fortdauern kann". Das war eine strikte und sehr neu und modern vorgebrachte Aussage. Denn üblicherweise bewahren die psychoanalytischen Ausbildungsinstitute ihre Vorgehensweisen und Regularien konservativ und wie eingeschlossen in einem akademischen Klüngelverein.

So spricht man auf hohem intellektuellem Niveau, also spezialisiert in der Vertikalen aufgerichtet, jedoch nur unter sich, d. h. deutlich eingeengt. Klassischer Fall einer Gelehrtenrepublik, die vertikal und horizontal zu eng spezialisiert ist. Doch dieses Problem ist den Psychoanalytikern durchaus bekannt. Wie in der Krankenbehandlung soll auch in der Lehranalyse der Psychoanalytiker vollkommene Abstinenz halten, also nichts von seinem Es, Ich oder Überich in die Gesprächssituation einbringen. „Die Grenze zwischen Beziehungsphantasie und -realität" darf nicht unsicher sein, was jedoch gerade in einem Ausbildungsinstitut, in dem auch die Lehranalyse stattfindet, unmöglich ist.[6]

Denn dort vermischen und verwickeln sich Lehrer und Novizen bei den verschiedenen Veranstaltungen im gleichen Haus. Die Gelehrten wollten sich ihr Mei-

---

[6] Körner, J., Die Abstinenz der Lehranalytikers, Zeitschrift für Psychosomatische Medizin und Psychoanalyse 2 (1994)

nungsdiktat nicht nehmen lassen und gründen in immer neuen Schulrichtungen neue Institute, halten scholastische Kongresse ab und lassen zur psychoanalytischen Ausbildung nur die ‚Normopathen' zu (Bird,1986), konservative, angepasste Zeitgenossen, und fördern die `dull normals' (Kernberg,1984), die Stinknormalen, die im Wesentlichen die Annehmlichkeiten der ökonomischen und sozialen Privilegien des gehobenen Mittelstandes im Auge haben".[7] Wie der Psychoanalytiker Thomä bemerkt, wurde die Lehranalyse in den letzten Jahrzehnten immer mehr zur Superanalyse (Supertherapie) hochstilisiert.[8]

In einem neuen Heft der Zeitschrift PSYCHE wird diese Problematik der psychoanalytischen Ausbildungsinstitute ausführlich erörtert. Denn inzwischen ist längst bekannt, dass das Verfahren, wer zur psychoanalytischen Ausbildung zugelassen wird, von zu viel Voreingenommenheiten und Vorurteilen, von Undurchsichtigkeiten und Partikularismen geprägt ist.[9] Man muss zu drei vom Institut ausgewählten Analytikern gehen, die einem nicht andeutungsweise sagen, wie sie einen einschätzen. Auch im fortgeschrittenen Verlauf – auch nach hunderten Stunden Lehranalyse und mehreren Jahren dieser kostspieligen Ausbildung – kommt es immer wieder zur Verweigerung der Berufszulassung als analytischer

---

[7] Cremerius, J., Vom Handwerk des Psychoanalytikers, frommann-holzboog (1990)
[8] Thomä, H., Psyche Nr 2 (1992) S. 115 -144
[9] Tuckett, D., Does anything go? Towards a framework for the more transparent assessment, Int J Psychoanal 86 (2005)

Psychotherapeut. Der Psychoanalytiker G. Schneider bemerkt daher, dass „es jedenfalls nicht unvorstellbar ist, dass . . ein Kandidat gegen seine Nichtzulassung oder sein Nichtbestehen beim Abschlusskolloquium . . gerichtlich vorgeht".[10] Aus der Vereinigung, die Freud zum Wohlwollen der Menschheit begründet hat, wird eine Art Inquisition.

Aus all diesen Gründen versucht man jetzt, die Zulassungs- und Ausbildungskriterien mit hohem wissenschaftlich definierten „Kategorien der Kandidatenkompetenz" zu etablieren.[11] Doch die mehr intuitive, bisherige Art der Kandidatenkompetenzbestimmung wird durch eine so hoch intellektualisierte, vielschichte Filtermethode wie die oben erwähnte nur noch mehr eingeengt, zensuriert und überfrachtet. Die Psychoanalytikerin Heenen-Wolf sieht die Ursache derartiger Regulierungen in den sich weiterschleppenden Übertragungsprozessen.[12] Bekanntlich überträgt der Patient auf seinen Therapeuten, aber auch der fertige Psychoanalytiker auf andere Kollegen, Bedeutungen (Gefühle, Regungen, gedankliche Inhalte etc.) aus früheren oder anderen Beziehungen. Diese Übertragungen sind sinnvoll, denn es lassen sich daraus Interpretationen auf die Motive und seelischen Strukturen des Übertragenden ziehen. Doch sie sind meist von Idealisierungen und persönlichen Eigenheiten durchdrungen, die sich schließ-

---

[10] Schneider, G., PSYCHE Nr. 2 (2020) S. 145
[11] Israelstam, K., PSYCHE Nr. 2 (2020) S. 83 - 117
[12] Heenen-Wolf, S., Die psychoanalytische Institution, PSYCHE Nr. 11 (2016) S. 1077 - 1088

lich wie Clanbildungen oder die oben genannten Klüngelvereine auswirken.

Ich konnte dies alles am Anfang meiner Ausbildung nicht erkennen. Mir fiel nur die schulmeisterliche, manchmal spießige und biedermännische Art der meisten Institutsmitglieder auf, wo ich mir doch Souveränität ausstrahlende Persönlichkeiten gewünscht hätte. Ich habe mich daher nach meiner Ausbildung gleich von vornherein keiner Fachgesellschaft angeschlossen, zur Doppelagentur (zur Psychoanalyse zu stehen, sie aber auch zu kritisieren) genügte es, den Beruf ein paar Jahrzehnte lang auszuüben und zudem noch Zeit für anderes zu haben, so z. B. für Yoga und Meditation, wo der ‚Autismus zu zweit‘ zum Normalvorgang des einzelnen Übenden gehört, denn man muss diese Praktiken zwischen sich und seinen Unbewussten ja alleine ausführen.

Nun gut, in diesem Sinne will ich eine Neuerfindung in diesem Buch versuchen, indem ich auf das von mir entwickelte Verfahren der *Analytischen Psychokatharsis* hinweise und im Anhang auch eine detaillierte Beschreibung davon gebe. In diesem Verfahren wird das Ich nicht spezialisiert aufgerichtet, sondern breit und umfassend. Kollegen haben mir gesagt, mein Verfahren sei sehr interessant, aber keine Psychoanalyse, schon gar keine Weiterentwicklung derselben. Aber so ist es ja auch Lacan selbst ergangen, als man ihn aus der Internationalen Psychoanalytischen Gesellschaft ausschloss. Man warf ihm sogar Scharlatanerie vor, inzwischen ist er der nach Freud am meisten rezipierte Psychoanalytiker. Seinen Ausschluss verglich er mit der ‚excommuni-

catio major', der päpstlichen, autokratischen Machtdemonstration.

Dadurch habe ich in meinem Verfahren die Psychoanalyse anders herum formulieren können, von ihrer Kehrseite her, der mehr bildhaften, imaginären Seite her,
während sie klassischerweise mehr an der worthaften,
symbolischen hängt. Bereits Lacan titulierte sein sieb-
zehntes Seminar „Die Kehrseite der Psychoanalyse",
indem er sie von ihrer sprachlich betonten Seite auf die
von Eigennamen, Wortspielen bis hin zu geometrischen
und topologischen Besonderheiten verschob. Ich habe
nun beispielsweise in ähnlicher Manier das bekannte
Zuhören „mit gleichschwebender Aufmerksamkeit" von
Seiten des Analytikers herumgedreht auf die Seite des
Analysanden, indem es in der *Analytischen Psychokatharsis* jetzt dieser selbst ist, der mit „gleichschwebender Aufmerksamkeit" zuhört. Und zwar seinem eigenen
Unbewussten.

In meinem Verfahren muss der Analysand, hier besser
der Übende, der Proband, diese meditative Grundhal-
tung einnehmen. Es geht wie in der Psychoanalyse um
ein Zuhören so halb in Trance. Er muss jedoch nicht nur
mit „gleichschwebender Aufmerksamkeit" in sich hin-
einhören, er muss auch das tun, was es in der psychoanalytischen Sitzung mit den „freien Assoziationen",
den spontanen, freien Einfällen, auf sich hat. Bekanntlich bringt der Patient (oder Klient) in der Psychoanalyse seine Übertragung ein, d. h. er überträgt Bedeutungen
(Gefühle, Regungen etc.) aus früheren oder anderen Be-

ziehungen auf den Therapeuten, der ihn auffordert, spontan und frei alles zu sagen, was ihm einfällt.

Auch dabei handelt es sich um ein Reden in tranceartiger Unbesonnenheit, aus dem heraus der Therapeut seine Interpretationen geben kann. Manche sagen: Therapeut und Patient träumen zusammen die Deutung. Ähnlich, wenn auch wie fast umgekehrt, muss der Proband der *Analytischen Psychokatharsis* sein Unbewusstes zum Sprechen bringen, indem nun dieses selbst dafür zuständig ist, nicht mit „freien Assoziationen", sondern mit ‚freien Deutungen' zu antworten. Dazu hilft eine sprachlich völlig relevante und doch nichts definitiv aussagende Formulierung (sogenannte *Formel-Worte,* die ich später erkläre), die der Proband gedanklich einübt. Anders gesagt: das durch die genannte Formulierung in eine bestimmte Verfassung gebrachte Unbewusste spielt hier selbst die Rolle des Therapeuten, indem es selbst die Deutungen liefert, die für die Wahrheit des übenden Subjekts nötig sind. Diese Deutungen kommen in spontan vernommenen, gedanklich ‚gehörten' Formulierungen heraus, die ich *Pass-Worte* nenne.

Ein Beispiel. Vor längerer Zeit hatte ich beim Üben der *Analytischen Psychokatharsis,* in der man in der ersten Übung bei geschlossenen Augen auf das Phänomen des *Strahlt* (was irgendwie diesen Charakter hat) achtet, in der zweiten Übung (konzentrieren auf das *Spricht,* den inneren ‚Laut') solch ein *Pass-Wort* vernommen: „Man muss Männer und Frauen aufladen". Seltsam, was heißt das? In meinem Fall geht es wohl um Patienten beider Geschlechter, aber was heißt aufladen? Aufladen womit, oder einfach nur sich selbst mit deren Problemen aufladen, sie zu containern wie Psychoanalytiker gerne sagen? Es war wohl beides gemeint, und hinsichtlich des ‚Aufladens womit' fiel mir sofort ein: mit Übertragung. Die Übertragung also verstärken, was besonders dann sinnvoll ist, wenn sie beim einstündigen Setting beispielsweise (nur eine Therapiestunde pro Woche) zu schnell wieder abflauen oder ganz abreißen könnte, wie die Psychoanalytikerin E. Loibner schreibt.[13] Sie verwendete verschiedene Techniken, um den ‚Faden der Übertragung' auch über eine Woche lang gespannt zu halten. Dieses Aufladen der Übertragung spielt nun bei der *Analytischen Psychokatharsis* eine wichtige Rolle, wozu ich gleich weiteres bemerken will.

Die Übertragung ist der tragende Faden, der sich durch die psychoanalytische aber auch *analytisch kathartische* Behandlung zieht und der nicht ganz lose und unsichtbar werden darf, sondern wenigstens leicht gespannt bleiben muss (damit sind auch die oben genannten Komplikationen vermieden). Eine positive, aber auch negative Übertragung in Richtung des Therapeuten setzt das Unbewusste in Gang, unter dessen Mitwirkung nunmehr frei gesprochen, 'frei assoziiert' und dann gedeutet, interpretiert werden kann. Das zentrale Element, das zwischen Assoziationen, freien Einfällen und sogar Träumen und all derer Deutungen liegt, ist in beiden Verfahren das Gleiche.

---

[13] Loibner, E., Zur Vertiefung der Übertragung im einstündigen Setting, PSYCHE Nr. 1 (2020) S. 26-44

Ich behandelte viele Personen nur in diesem einstündigen Setting und stets in der gleichen, bequemen, leicht zurückgelehnten Sitzhaltung, doch die Aufrechterhaltung der Übertragung über nunmehr sechs Tage war nicht immer einfach wie auch Loibner berichtete. Gleicher Wochentag und gleiche Uhrzeit verstärkten bei ihrer Vorgehensweise den genannten Faden ein bisschen, aber insgesamt war es bei meinen Patienten meistens nicht ganz befriedigend. Als ich die Methode der *Analytischen Psychokatharsis* entwickelte, kam ich auf die Idee, einigen meiner Klienten zu raten, deren Übungen unter der Woche anzuwenden und sie sozusagen mit der psychoanalytischen Therapie zu kombinieren.

Das Problem war auf diese Weise gut zu lösen, doch selbst von den wenigen, denen ich diese Zusatzmethode empfehlen konnte, ließen anfänglich manche in ihren Bemühungen die Übungen der *Analytischen Psychokatharsis* zumindest eine halbe Stunde am Tag durchzuführen, mehr und mehr nach. Den meisten, die zur analytischen Psychotherapie kamen, konnte ich mein Verfahren jedoch gar nicht anbieten, sie wollten davon nichts wissen. Das war ja auch verständlich, sie waren ja schließlich zu einer fest vereinbarten und von den Krankenkassen bezahlten Art der Therapie gekommen, und sollten jetzt zusätzlich noch Hausaufgaben mit einer anderen, unbekannten Methode machen.

Doch für mich selbst war klar, dass das Verfahren der *Analytischen Psychokatharsis* gut geeignet war, den Faden der Übertragung sogar länger als nur eine Woche gespannt zu halten. Mit der Zeit kam ich darauf, dass er sich sogar über Monate gespannt halten konnte. So musste ich das Verfahren als etwas Eigenständiges entwickeln, indem ich von vornherein die kombinierte Methode empfahl. In der Methode der *Analytischen Psychokatharsis* entfällt auch das Drängen nach einer nicht zu lange hinausgezögerten Deutung. Die muss, wie die Psychoanalytikerin E. Loibner schreibt, ohnehin von selbst kommen.[13] Vermittels der selbst angewandten Übungen während mehreren Wochen war daher auch die physische Gegenwart des Therapeuten nur noch bedingt notwendig. Die Übungen hielten den Faden der Übertragung gespannt. Weitere Details dazu im Folgenden.

2. Bild- und Wort-Wirkendes[14]

Ich will den Leser nicht langweilen mit zu viel Abstraktion. Freilich muss die wissenschaftliche Genauigkeit und Klarheit garantiert sein, aber das lässt sich auch erzählerisch gestalten. So hat Freud z. B. drei Formen der Identifikation, also des sich Identifizierens, sich identisch Erfahrens, unterschieden. Ich erwähne erst einmal zwei. Die eine ist die, in der man sich so um das dritte Lebensjahr herum mit dem Männlichen oder Weiblichen identifiziert, in dem man von Geburt her schon angelegt ist. In Fall der neurotischen Entwicklung kann man sich auch mit dem Gegengeschlecht identifizieren. Die hysteriform-neurotische Frau tritt bekanntlich meist mannhaft auf, führt das theatralisch große Wort und macht erotische Anspielungen, obwohl sie den Sex, den sie suggeriert, gar nicht will. Ähnlich, nur anders herum der hysteriform-neurotische Mann.

Er will galant, soft, flexibel, spielerisch und geistreich sein, doch der Schauspieler fällt als der feminin-hysterische Melodramatiker jedem auf. Er wirkt wie der tuntige Schwule, obwohl er mit Homosexualität nichts im Sinn hat.[15] Die Frauen sollen sich in den Softie, in den charmanten Mann verlieben, der jedoch oft ein Problem mit seiner Potenz hat, und so ergeht es den Frauen wie Elsa von Brabant mit Lohengrin, der auch so ein smarter Typ war. Lohengrin verbietet bekanntlich zu

---

[14] Ich verwende diese Begriffe synonym für Lacans imaginären und verbalen Signifikanten.

[15] Sie ist aber oft das Schattenbild seiner Neurose.

fragen, wer er ist. Er spielt mit einer mystisch überhöhten Abstammung, und typischerweise in der Hochzeitsnacht kommt er um die Antwort nicht mehr herum: dass er zwar imposant, aber eben auch impotent ist, dass er versagt. Das Ganze geht schon damit los, dass Elsa von Brabant sich nur einen Mann wünscht, den Gott ausgesucht hat! Das ist doch schizophren! Natürlich hat sie ihn in der Hochzeitsnacht fragen müssen, ,was ist mit dir los?' Da ist er zusammengebrochen und hat sein Versagen der Frau in die Schuhe geschoben. Dass die Enthüllung seines hohen Ansehens ihr geschadet hätte, ist eine uralte Männerphantasie.

Wenn Wagner eine gute Musik daraus gemacht hat, kann man die mystischen Verbrämungen in den Hintergrund schieben. Wagner selbst schrieb, dass er die Lohengrin Erzählung dem griechischen Mythos von Zeus und Semele nachempfunden habe. Aber als Gott hätte sich Zeus seiner Geliebten Semele nicht nähern können, das Licht seiner strahlenden Gestalt hätte alles zunichte gemacht. Nun ist ja Lohengrin nicht Gott, sondern ein hochgestellter Gralsritter. In heutiger Gestalt wäre er der Chef von Amazon oder Google, der auch nicht erkannt werden will, weil es sonst in allen Zeitungen steht, welche Geliebte er schon wieder hat. Kurz gesagt: die Dinge werden aufs menschliche Maß heruntergezogen, die strahlende Gestalt ist männliches Blendwerk, hinter dem die Angst vor der Konfrontation mit der Frau steht. Die Identifizierung mit Höhenfiguren – und beim Hysteriker befindet sich die Frau ganz oben – geht nie gut aus.

Die zweite Identifizierung ist bei Freud die mit dem Vater. Damit ist am wenigsten der leibliche Vater gemeint, sondern eher schon der, der die Vaterfigur als geheimer Richtliniengeber vermittelt, als den Vorbildlichen per se, ja, den Exterritorialen, dessen Vaterwort weithin gilt. Es geht um die Vaterschaft, in der das Wort des Vaters auch von dem kommt, der selbst Vater des Wortes ist, der also auch Schöpfer der Sprache und der Diskurse ist. Denn die Sprache ist ja irgendwann einmal eingeführt worden, und zwar nicht von den Australopithacei, den Vor- bzw.-Frühmenschen, sondern schon viel eher. Sie ist von einer Intersubjektivität begründet worden, von einem Konnex oder Kontext von Subjekten, den es immer schon gegeben hat. Lacan sprach daher stets nur vom Vater-Namen.

Er versuchte das, was Freud mehr mythisch als wissenschaftlich als den „Vater der Vorzeit" bezeichnete, durch Identifikation mit dem Realen eines Ur-Vater-Namens zu erklären.[16] Man könnte fast sagen, es geht um eine Identifikation mit der Vernunft. Das klingt auch nicht viel verständlicher, und so muss man es auch nicht verstehen. Ich denke, ich vermittle es besser mit Hilfe des Begriffs vom ,vertikalen Ich', also einer vertikalen Beziehung zu sich selbst, ein Name, den man wie die alten Ägypter von oben nach unten schreiben muss, während das übliche Ich eine vorwiegende horizontale Beziehung hat, eine Beziehung von sich nach außen zu den Dingen und Menschen. Das ,vertikale Ich' dagegen hat vorwiegend Beziehung zu sich selbst, aber umfas-

---

[16] Lacan, J., Seminaire XXII vom 18. 3. 75

send in den zwei oben genannten Kategorien, im Bild- wie im Wort-Wirkenden, im Imaginären wie im Symbo- lischen, im Wahrnehmungs- und Sprechtrieb, was ich noch weiter auch mit einer letztlichen Diagonalen erklä- ren will, die das Reale repräsentiert.

Lacan war ganz entsetzt über den eingangs erwähnten Sprachwissenschaftler N. Chomsky, als dieser ihm ge- genüber erklärte, das Sprachliche sei für ihn ein Organ, ein Werkzeug![17] Nach Chomsky ist die Sprache ein menschliches Werkzeug, das auf den Menschen selbst zurückwirken kann, während Lacan genau der gegentei- ligen Auffassung ist: 'Der Mensch spricht' – hat die Fä- higkeit zum Symbolisieren – 'aber er tut dies, weil das Symbol ihn zum Menschen gemacht hat'![18] Irgendetwas Symbolisches, eine primitive symbolische Ordnung, ei- ne Art von 'Sage', 'Spreche', ja von einem Es *Spricht* ist schon da, bevor der Mensch erscheint, d. h. mit die- sem Es *Spricht* (in und außerhalb von ihm) erscheint er erst voll und ganz.

Hier muss ein nicht Gott tätig werden, denn „die Natur liefert *Signifikanten*", schreibt Lacan, und damit betont er auch das Imaginäre, das Bild-Wirkende, die bildliche Ordnung.[19] „Noch bevor die eigentlichen Humanbezie- hungen entstehen, sind gewisse Verhältnisse schon de- terminiert . . Noch vor jeder Erfahrung, vor aller indivi-

---

[17] Lacan, J., Le Sintome, Seminaire Nr. XXIII vom 9.12.75
[18] Lacan, J., Schriften I, Walter (1980) S. 117
[19] Was es mit den *Signifikanten* auf sich hat, soll sich aus dem weiteren Text ergeben und wird speziell auf den nächsten Seiten erklärt werden.

duellen Deduktion und noch bevor überhaupt kollektive Erfahrungen . . . sich niederschlagen, gibt es etwas, das dieses Feld organisiert und die ersten *Kraftlinien* in es einschreibt . . . die Funktion einer ersten Klassifizierung". *Kraftlinien* sind also bedeutende Zeichen, tragende Erscheinungen, Bildliches, das etwas zeigt, ein Es Zeigt, Es *Strahlt* oder Scheint. Ein sich Zeigendes liegt bereits vor, und wenn die symbolische Ordnung in dieses Sich-Zeigende, bedeutend Erscheinende hineinwirkt, kann man die ausstrahlenden *Kraftlinien* als Pendant zu den symbolisch ordnenden, zu den ‚verbalen *Signifikanten*' die ‚imaginären *Signifikanten*' nennen. Am Anfang war also die Zwei, das Bild- und Wort-Wirkende, verbaler und imaginärer *Signifikant*, ein Es *Strahl*t und ein Es *Spricht*. [20]

„Wichtig ist für uns" – so Lacan weiter – „dass wir hier die Ebene erkennen, auf der es – noch vor jeder Formierung eines Subjekts, das denkt – bereits zählt, auf der gezählt wird. Wichtig ist, dass in diesem Gezählten ein Zählendes schon da ist".[21] Ein die *Kraftlinien* Zählendes, ein komplexes Erzählendes, nicht nur ein Es *Strahlt* sondern auch ein Es *Spricht*.[22] Da haben wir es also,

---

[20] Auch wenn in der mathematischen Mengenlehre von der Drei (oder Mehrheit) ausgegangen wird, werden Prinzipien und Kräfte in der Wissenschaft allgemein auf die Zwei grundlegenden reduziert.

[21] Lacan, J., Die vier Grundbegriffe der Psychoanalyse, Walter (1980) S. 26

[22] Absichtlich verwende ich hier nur die reine die 3. Person Singular, weil es ja vorwiegend nicht um den Menschen als denkendes Subjekt geht, sondern als Subjekt des Unbewuss-

was die Mathematiker seit Pythagoras immer schon behaupteten: Etwas, was wirklich zählt, Laute und Zeichen, die wirklich zutreffen, ein Es *Strahlt/Spricht*, ein Sich-Zeigend (Er-) Zählbares gab es schon zu Zeiten der Vormenschen (und eben sogar davor). Und genau diese Kombination der imaginären und symbolischen *Signifikanten*, die einfach rein nur zählte, hat ihn zum Menschen gemacht (und auch speziell deswegen, weil sie gelungen kombiniert waren).

Nicht allein das große Gehirn hat den Sprung zum homo sapiens bewirkt – das Gehirn war sicher auch beteiligt, wobei man bedenken muss, dass z. B. das Neandertalergehirn noch größer als unseres war. Auch war nicht allein die Gruppendynamik Ursache der besonderen Menschentwicklung, denn diese gibt es bei vielen Tiergruppen auch, die trotzdem bis heute nicht menschenähnlich geworden sind. Dennoch spielte auch diese in die *Signifikanten*-Kombinationen mit hinein. Dieses Es *Spricht* und *Strahlt* gibt es im Unbewussten eines jeden Menschen, und deren Kombination betone ich hier nochmals.

Auch wenn ein sogenanntes Sprachgen (Fox2-Gen) existiert, so muss doch jedes Kind allein – durch den intersubjektiven Konnex/Kontext vermittelt – die Sprache von Grund auf erlernen. Auch das wahrnehmende Sehen muss aus dem Zusammenwirken der genannten *Kraftlinien* erst erworben werden. Sicher war der tiefer gerutschte Kehlkopf für die Fähigkeit differenzierte Laute

---

ten. Und da spricht ja nicht der Mensch von seinem Ich heraus, sondern Es *Spricht* in ihm.

zu bilden, wesentlich für das Sprechen beim Menschen. Aber das Entscheidende ist doch die Entwicklung von Phonemen, verbalen *Signifikanten*, von Wort-Wirkendem, und so geht es letztlich eben um etwas Kreatives, um ‚Schöpfungsworte‘, die speziell das Unbewusste zustande bringt, wenn man es mit den *Formel-Worten* provoziert.

Das Kind ist also der Mit-Schöpfer seiner selbst, ist selbst ein bisschen Vater der eigenen Sprache, es muss zwischen Gefühlen und Trieben, zwischen visuellen und lautlichen Erfahrungen und all den inneren und äußeren Einflüssen lernen, was Sprache ist und wie man mit ihr umgeht. Dabei spielt das Unbewusste eine große Rolle, nicht nur weil vieles dorthin auch in sprachlicher Form schon früh verdrängt wird, sondern auch weil Vorlexikalisches in Form der genannten *Kraftlinien*, des Sich-Zeigenden der imaginären *Signifikanten* aus der frühesten Intersubjektivität dort ruht. Das Unbewusste ist Sprache des groß zu schreibenden *Anderen*, aber auch Bild des auratischen ‚Dings‘, wie Lacan es nennt.

Bild-Wirkendes	Wort-Wirkendes
imaginärer Signifikant	verbaler Signifikant
Es Strahlt	Es Spricht
Schautrieb	Sprechtrieb
'Ding'	*Anderer*

Um der Verwirrung der ständig von mir gebrauchten Begriffe zu entgehen, stelle ich hier ein kleines Schema in den Text, das etwas Übersicht über die zwei Grund-kathegorien schaffen soll, wie sie schon verwendet, aber auch im Folgenden noch weiter ergänzt werden. Die Vielfalt ist notwendig, da sie immer wieder einen anderen Aspekt verdeutlicht. So ist also L'Autre, der bedeutende *Andere* nicht nur ein inneren Dialogpartner, der sich aus den bedeutsamen Figuren herleitet.[23] Genauso ergeht es einem mit dem von frühesten Selbstspiegelungen, Körper-Eigen-Spiegelungen stammenden auratischen ‚Ding‘, das die kaum je beschreibbare, imaginäre, ikonische Seite des Unbewussten darstellt. Für sich alleine hat keiner dieser *Signifikanten* klarmachende Bedeutung, erst aus ihrer Kombination ergibt sich der entscheidende Sinn. Diesen Sachverhalt nutze ich in der *Analytischen Psychokatharsis* aus, weil dieser Ur-Konnex von der klassischen Psychoanalyse nicht so umfassend verwendet wurde. Der nicht ganz senkrechte Strich zwischen den beiden Rubriken der Abbildung soll schon einmal die Position des ‚vertikalen Ichs‘ andeuten.

Doch was sind überhaupt *Signifikanten*? Der Philosoph Byung-Chul Han nennt sie Zeichen des Überschusses, ja des in der Bedeutung Luxurierenden. „Erst der Überfluss, der Überschuss des *Signifikanten* lässt die Sprache magisch, poetisch und verführerisch erscheinen. . . Aus-

---

[23] Der *Andere* stellt die Verinnerlichung der Eltern, Lehrer, Vorgesetzten, Psychoanalytiker etc. und deren Gesetze in Form von Ich-Ideal, Über-Ich, und eben *Anderem* dar. , auch als quergestrichenes A geschrieben wird, weil diese seelische, sprachliche Instanz nicht Garant der Wahrheit ist.

schweifend gehen *Signifikanten* nachbarschaftliche Beziehungen ein ohne Rücksicht aufs Signifikat",[24] aufs nüchtern zurechtgestutzte Bezeichnete. All das betrifft den verbalen *Signifikanten*, das Wort-Wirkende, während das ‚nachbarschaftliche' sich auf die *Kraftlinien* des imaginären *Signifikante*n bezieht, der sich noch luxurierender, kaleidoskopisch blendender und verführerischer darstellt.

Man kann diese Sachverhalte wieder gut am Doppelagenten veranschaulichen, denn was – außer Geld verdienen – will dieser eigentlich? Die oben erwähnte für Amerika und Kuba tätige Doppelagentin meinte, sie wollte dem armseligeren Kuba helfen, doch das Argument klang dürftig. Die *Signifikanten* im Hintergrund, ihr selbst unbewusst, sagen etwas anderes. Sie raunen etwas von Anerkennung, suggerieren geheimnisvoll etwas Spannendes, Galmouröses, schäumen sich aus in einem Spiel um Riskanz, um Leben und Tod. Die *Signifikanten* verbinden Inneres und Äußeres auf betörende Weise. „Geheimnisvoll ist nicht das Signifikat" (hier die Bezeichnung Doppelagent), „sondern der *Signifikant* ohne Signifikat", schreibt Byung-Chul Han weiterhin. Das heißt, der Überfluss und das Schäumen des *Signifikanten* sind ins Delirierende, ins abenteuerlich Chaotische übergegangen. Man kann es in keinem Signifikat mehr festmachen, es korreliert mit den infantilen Triebobjekten, unbewussten Phantasmen, die die Psychoanalytiker aus den „freien Assoziationen" und Träumen ih-

---

rer Patienten herausfiltern. Die Doppelagentin wäre besser rechtzeitig in Therapie gegangen, um zu wissen, wer sie wirklich ist.

Denn sie kennt ihr ‚Ding' nicht, kennt das ‚Ding' nicht, das sie dreht. Bei ihr ist es nur etwas Gegenständliches, eine Sache, wenn auch eine lebensgefährliche. Das Lacansche ‚Ding' dagegen steht dem Imaginären nahe und ich will noch ausführlich darauf eingehen. Vorerst noch einmal kurz zum *Anderen*. Für die Doppelagentin inkarniert er sich exakt in dem Befrager, der sie prüfen und kontrollieren soll, aber er steckt eben in seinem „Wahrheitsmodus" fest. Er ist blockiert, gehemmt, kastriert wie man in der Psychoanalyse sagt, er ist $\cancel{A}$ (quergestrichenes, gebarrtes A) und so kann er nichts für die wirkliche Wahrheit tun (im Negativen: er kann sie nicht entlarven, im Positiven: er ist nicht der, der sie über das Glamouröse, Infantile und Halsbrecherische aufklären könnte. Er ist kein Therapeut).

Der Therapeut, der ja selbst Repräsentant dieses *Anderen* ist, wird in den *Analytischen Psychokatharsis* zwar als physisch existierender Zuhörer (klassischer Psychoanalytiker) ausgeschlossen, er wird aber dadurch ersetzt, dass man direkt dem eigenen Unbewussten selbst zuhört. So kommt wirkliche Wahrheit zutage. Das Zuhören ist in der Psychoanalyse grundsätzlich wichtig, selbst wenn der Therapeut zu dem, was er hört, nicht unmittelbar eine Antwort geben soll. Je weniger er sagt, desto besser. Soweit kann auch ein Computerprogramm wirken, dem man unterstellt, dass es mehr weiß als man selbst. Man insinuiert, dass jemand bei einem ist, indem es sich um einen mit Sprechfähigkeit ausgestatteten Niemand handelt.[25] In der *Analytischen Psychokatharsis* verhält es sich umgekehrt. Hier muss man mit den *Formel-Worten* den Niemand aufrufen, ja ihn provozieren, um seine Antwort zu hören, die der Deutung des Analytikers entspricht.

Das Verfahren der *Analytischen Psychokatharsis* enthält analytische und psychologisch-meditative Grundlagen, es benutzt neben der „gleichschwebenden Aufmerksamkeit" auch Freuds Statement zur „freien Assoziation". Der Patient auf der Couch soll ja möglichst frei und unbeeinflusst von peinlichen oder rationalen Gedanken alles sagen, was ihm spontan einfällt. Dies gelingt nie ganz oder optimal. Ähnlich in der *Analytischen Psychokatharsis*, wo zu den aus dem Unbewussten auftauchenden Gedanken noch eigene, persönliche und logische Assoziationen dazugegeben werden sollen, um die genannten „freien Assoziationen" zu deuten. Analog zu den *Formel-Worten* nenne ich die dann endgültig formulierten Gedanken *Pass-* oder Identitäts-*Worte*, denn sie haben mit der Wahrheit des Übenden und seiner Weiterentwicklung zu tun. Auch dazu später mehr.

Und warum gibt es nicht auch die Mutter des Wortes? Schließlich reden wir ja zu allererst und lebenslang in der Muttersprache. Doch die Muttersprache könnte fast

---

[25] Ich könnte mich hier auf den Computerwissenschaftler J. Weizenbaum und sein Programm der Gesprächstherapie namens Eliza beziehen. Er hatte Erfolge damit, doch das Programm war viel zu simpel. Es präsentierte zwar einen Niemand, die Sprechfähigkeit war aber zu stark reduziert.

eine Sprache ohne Worte sein. Zu Mutter assoziieren alle Menschen sehr schnell das Gleiche: pflegen, hegen, nähren, wärmen und sicher auch verbindliche Gesten und Zeichen austauschen. Die Psychoanalytiker meinen aber, erst das Wort des Vaters aus dem Ödipus Mythos genauso wie aus den Mythen der Neurotiker und jetzt speziell das an den Sohn gerichtete „rühr die Mutter nicht an", habe alles verändert und die schöpferische Kraft des Wortes enthüllt. Ein gewisser Befehlston, Kraftworte, spielen dabei eine Rolle.

Lacan meint, die Idee des verbalen *Signifikanten*, des Wort-Wirkenden, sei typisch für die männlich-väterliche Seite, was heißen soll, sie betont besonders stark die Bedeutungsbezogenheit, während die weiblich-mütterliche Seite eben mehr Kommunikatives in Richtung der oben genannten bildhaften Assoziationen beinhaltet.[26] Vereinfacht: die Frauen reden vertraulich, einnehmend, bildhaft vermittelnd, die Männer bringen es nur auf den Punkt, aber dafür präzise. Während der imaginäre *Signifikant* des Amourös-Erotischen bei beiden Geschlechtern äquivalent ist,[27] ist das Sprachliche, der verbale *Signifikant*, unterschiedlich gewichtet.

Auch das an die Mutter und Ehepartnerin gerichtete Pendant dieser männlich-väterlichen Wortkreation „friss deine Kleinen nicht auf" hat in der Psychoanalyse diesen unterscheidenden Stellenwert. Im Ödipus Mythos

---

[26] Lacan, J., Seminar XXIII, Das Sinthom, Turia & Kant, (2017) S. 118

[27] Laut Freud geht es um die sogenannte ‚phallische Phase', die bei beiden Geschlechtern gleich ist (Weiteres später).

wird er durch die Sphinx repräsentiert, die ja jeden auf-frisst, der ihr Rätsel nicht löst. Allerdings hört so jemand wie die Sphinx nicht auf so mahnende und verbietende Worte. Ödipus musste erst das Rätsel lösen, er konnte nicht einfach mit einem Befehl reüssieren. Er musste das Tier in der Frau und die Frau im Tier besänftigen wie es auch der Kuss und die Umarmung des Prinzen in den Grimm'schen Märchen immer vollbringt.

Und so sagt Ödipus auf die Frage der Sphinx, was sich morgens auf vier, mittags auf zwei und abends auf drei Gliedmaßen bewegt, dass dies die Dreiheit des Menschenwesens sei: Kind, Frau und der Mann, dessen drittes Glied nicht schwer zu erraten ist. Es handelt sich um genau das gleiche, das eine Frau einmal verriet, als sie eine bekannte Metapher für das Sich-Gehen-Lassen und Entspannt sein so ausdrückte: „Heute will ich mal alle fünf gerade sein lassen". Fünf? Großes Gelächter, das fünfte wollte sie gar nicht so ganz gerade sein lassen, umgekehrt wie die Sphinx, die damit hantiert, wollte sie nur ihre Ruhe vor diesem überflüssigen, weiteren Glied haben.

Üblicherweise wird das Rätsel der Sphinx so gedeutet, dass man im dritten Glied bzw. Bein, den Stock des alten Mannes sehen soll. Doch – ehrlich gesagt – ist das nicht die Version, die man Kindern erzählt? So eine gewaltige, animalisch-weibliche Figur gibt einem doch nicht so ein flaches Spießbürgerrätsel auf, da ist schon mehr dahinter. Da geht es schon ein wenig um ein Heraustreten aus der Horizontalen in die Vertikale, auch wenn es noch nicht das fertige ‚vertikale Ich' ist. Lacan

würde den trennend / verbinden-
den Strich in der Abbildung (Seite
33) wie auch in der nebenan stehenden Abbildung des Malers G.
Moreau, das Ödipus und die
Sphinx mit deutlicher Betonung
der Vertikalen zeigt, das Reale
nennen. Denn wie der Philosoph
C. Rosset bemerkte, kommt man
dem Realen nur nahe, wenn man
mit seinen Doubles – also den beiden obigen Grundkategorien – einig ist, und das geht nur mit Hilfe
des ‚vertikalen Ichs‘.[28] Links im Bild die Sphinx mit ihrem Löwenkörper vermittelt das perfekte Bild-
Wirkende, der rätsellösende Ödipus das Wort-
Wirkende, kombiniert in ihrer gemeinsamen Vertikalen.

Der Mensch mit dem dritten Glied hat in der Antike als
Dreifuß, altgriechisch. τρίπους *trípous,* auch kultische
Bedeutung, so zum Beispiel in Delphi. Er symbolisiert
auch das weibliche Geschlecht, was dem Rätsel der
Sphinx eine ganz striktere Bedeutung geben könnte.[29]
Vielleicht hätte Ödipus die Frage nach dem Menschen
mit dem τρίπους, dem dritten Glied, mit der Antwort auf
die Frage ‚Was heißt es, eine Frau zu sein‘, beantwor-
ten sollen. Da hätte er allerdings versagt, er hätte mit
Ausflüchten geantwortet, und selbst im Bett Iokastes

---

[28] Rosset, C., Das Reale, Traktat über die Idiotie, Suhrkamp
(1988) S. 50-63
[29] Wikipedia: Dreifuß

wäre er mehr das Kind in deren Armen gewesen als der ἐροώμενος, der Liebeskünstler. Er hätte mit seinem ,vertikalen Ich' antworten sollen.

Damit ist generell die Beziehung zwischen den Geschlechtern, zwischen Mann und Frau, angesprochen, egal ob man die beiden mehr sozial oder mehr biologisch definiert. Will man das gerade Erörterte auf eine Extremposition zurückführen, könnte man für den Mann sagen, dass eine solche in seiner Fixierung auf den ,Phallus' (real, symbolisch, imaginär) besteht. Lacan hat dies einmal sehr drastisch ausgedrückt als er konstatierte: „Der Mann ist mit seinem Phallus verheiratet, eine andere Frau hat er nicht". Diese deftige Aussage betrifft wie gesagt eine Extremposition, die auf der Seite der Frau so lauten könnte: Die Frau ist auf das Kosen, Schnuckeln und Knuddeln ihres Babys fixiert, einen anderen Sex hat sie nicht. Klingt krass, aber auch das hat die Sphinx im Blick, die die jungen Männer fressen will, denn ein Adonis ist manchmal dabei.

Denn wie nochmals betont, die Extrempositionen sind unbewusst, nur selten werden sie fast in einer Art von Perversion auch gelebt oder geistern durch die Mythen wie der der Sphinx, die ein männlich-tierisches Unterteil hat und eine prädödipale Mutter-Frauen Gestalt ist. Das Wesen, das im Rätsel der Sphinx auf vier Beinen geht passt gut zum erwähnten Kleinkind, und das auf drei Beinen geht passt ebenso gut zum erwähnten phalluszentrierten Mann. Und schließlich gleicht das Wesen, das nur auf zwei Beinen geht, dem reifen Erwachsenen, dem dispositiven Menschen, der im Leben seine Ver-

nunft und seine Weitsicht einsetzt und der in seinem
‚vertikalem Ich‘ aufgerichtet ist. Dahin sollten alle
kommen.

Man muss die beiden Grundkategorien also mit einer
besser gelungenen Kombination in den Griff bekommen. Im Übrigen hätte man auf der rechten Seite der
Abbildung (Seite 31) vielleicht noch das Wort ‚Wahrheitsmodus‘ einfügen können und auf der linken ‚Bild-
oder Zeigemodus‘. Die von Gladwell geschilderten Leute waren im Sprachlichen, im verbalen *Signifikanten*
trotz aneinander Vorbeiredens ok, aber eine Kombination mit dem direkt Bildlichem, direkt Zeigenden, war
ihnen nicht gelungen. Die Doppelagentin wusste nicht,
dass sie selbst die Sphinx war. Denn wie gesagt, die
Signifikanten alleine haben keine Bedeutung erst in ihrer Kombination werden sie wirksam.

In dem vorliegenden Text geht es jedoch nur um die
Kombination des Imaginären mit dem Symbolischen
(Verbalen). Viel stärker als die symbolischen (wichtig
für die Psychoanalyse) sind die imaginären *Signifikanten* (wichtig für die *Analytische Psychokatharsis*) verdrängt. Daher empfiehlt es sich das Ganze vom Letzte-
ren her aufzulösen. Ödipus kennen wir bereits genug,
jetzt muss man nur noch wissen und auch klar sagen
können, wer und was die Sphinx ist, und warum sie die
Frau besser symbolisiert als die langweiligen Popikonen
von heute.

3. Das Ding an sich

Freilich war die Sphinx nicht Lacans auratischen ‚Ding'. Dazu spätere Ausführungen. Ich müsste mich allerdings gar nicht so umständlich ausdrücken, denn in diesem Buch geht es um ein psychisches Verfahren, das ich in ein paar Zeilen beschreiben kann. Es verbindet die als völlig gegensätzlich geglaubten Methoden wie die der Psychoanalyse und die der Meditation. Verbindend sind die schon erwähnten *Formel-Worte*, im Kreis geschriebene Formulierungen, die in einem einzigen Schriftzug mehrere Bedeutungen enthalten. Meditiert man sie, kann man keine der Bedeutungen präferieren und schon gar nicht einen gemeinsamen Sinn heraushören. Dazu sind sie zu disparat. Auch für die Psychoanalyse sind sie das Kernstück ihrer Theorie, weil das Unbewusste genauso aufgebaut ist. Doch ohne dass ich ausschweifende Rahmengeschichten darum herum ranke, würde kaum jemand mit diesen paar Zeilen etwas anfangen.

Also kehre ich wieder zu den Mythen von der Sphinx zurück, bei denen wie in den obszönen Männerwitzen als auch in der Freud'schen Psychoanalyse die Frauen nicht gut wegkommen. Es wurde Freud vorgeworfen, dass seine Theorie eines allgemein gefassten Sexuellen doch noch zu sehr vom Männlichen her bestimmt sei. Dabei waren doch so viele junge Frauen in seiner Therapie, vieles hat sich also geändert und so verehrt man heute die jungen Popikonen, die sexistischen Schauspielrinnen, Rapperinnen und queeren Autorinnen, die sich emanzipiert haben. So schreibt Caroline Würfel z. B. in einer Rezension über Sally Rooneys momentanen Bestseller ‚Gespräche mit Freunden', dass die Autorin als der „J. D. Salinger der Snapchat-Generation" bezeichnet wird, weil sie so sehr das Ideal weiblicher Maskerade repräsentiert und über leidenschaftlichen Sex in einer Weise schreibt, „dass man gleich selber solchen haben möchte".[30] Rooney wird zu einem Hype stilisiert, nur weil sie die jungen Leute über alles quatschen lässt, auch über Lesben, Transgender, Drogen, Klamotten, Lügen und Sadismen. Die Dialoge sind flapsig, cool und impertinent, alles ist geboten.

Es geht also um die Beziehung von Mann und Frau, und um die Frauen, die dabei meist den Kürzeren ziehen, und sie so das ihnen eigene, ihnen immanente Genießen zu wenig kennen oder auch nur wenig zu werten wissen. Ich verweise auf die Schriften J. Lacans, der auf jeder dritten Seite betonte, dass das Geschlechtsverhältnis ohnehin gar nicht richtig existiert, weil sich nichts davon verifizieren, klar und logisch sagen, oder gar ‚quantifizieren' lässt, d. h. in Maßeinheiten des sexuellen Genießens nicht ausdrückbar ist. Sex ist ein Scheindiskurs. Das mag skurril erscheinen, aber was will Caroline Würfel wirklich haben, was meint sie mit „verdammt gutem Sex", den sie selber gleich haben möchte, wie sie schreibt? Sie legt da ja auch einen Maßstab an, der von ‚verdammt gut' über mittel bis wahrscheinlich ‚grottenhaft schlecht' herunter geht.

Dem Psychoanalytiker ist das nicht genau genug.

---

[30] Würfel, C., ZEIT online, Ausgabe 30 (2019)

Schließlich kommen in die psychoanalytische Sprech-
stunde viele Patienten, die schon alleine drüber jam-
mern, dass sie nicht wissen wie oft in der Woche, im
Monat oder im Jahr man Sex haben muss, um normal zu
sein. So etwas, nämlich die reine Bezifferung von Frequenzen, ist nun tatsächlich eine schlechte, kalte, me-
chanische Messung. Aber seitdem Freud sagte, dass
Jungen und Mädchen im Kindesalter die gleiche „phallische Phase" durchmachen, für beide also das Phallische die gleiche Maßeinheit ist, schien alles geklärt zu
sein. Es herrscht diesbezüglich Äquivalenz, sozusagen
mathematische Gleichheit. Sex weist zwar eine gewisse
männliche Betonung auf, aber all dies ändert nichts an
der Tatsache, dass das Phallische damit eine bessere
Maßeinheit ist als das „verdammt gut" oder nicht gut,
wie es Frau Würfel sagte.

Es ist wohl eine Ermessensfrage, ob neben der sexuellen
Metapher des Phallischen auch andere Metaphern, Bild-
Wort-Wirkendes, zählbar sind. Die übermäßige Betonung des Phallischen, verkürzt mit dem griechischen
Buchstaben Φ, (Phi) geschrieben, wie sie in der Psychoanalyse üblich ist, kann zwar als eine Maßeinheit gelten,
aber weit kommt man damit nicht. Doch die Psychoanalytiker brauchen Φ, um den therapeutischen Dialog pro-
vokativ, effektiv und quantifiziert zu gestalten. Denn es
geht ja vor allem um das Infantil-Sexuelle, das so unbewusst ist und in der therapeutischen Deutung eine wesentliche Rolle spielt.

Freilich ist Φ kein ausreichender *Signifikant* für alle Bereiche des Lebens und Weltverstehens, nichts genügend

generell Bild-Wort-Wirkendes. Aber es ruft eben die infantilen Formen des Erotischen auf, um die es geht und lässt sie in andere Formen eingliedern, einordnen, einschreiben, wenn es darum geht, die Lebenslügen der Menschen mit einem Instrument, einem *Signifikanten* zu entlarven, der kein Signifikat hat. Der also nicht auf eine Sache hin festgenagelt werden kann, sondern auf seinen letztlich erotischen Ursprung hin gedeutet werden muss, um dem Ganzen dann in einer eigenen Sprache seinen Namen geben zu können. Denn es ist diese Namensgebung, Segnung, die die Seele vertikalisiert.

Um all dies zu verdeutlichen möchte ich noch einmal kurz von vorne anfangen und gehe direkt von der Natur aus, also von dem Begriff Natur wie ich ihn eingangs schon zitiert habe und wie ihn vordergründig jeder versteht: hinausgehen in eine Landschaft, ins Grüne, wo Flora und Fauna vorherrschen, pur Natur sozusagen einschließlich der in ihr lebenden Menschen. Das ist schon ein sehr umfassender Ansatz, um sich eine allgemeine Orientierung zu verschaffen, oder? Biologie, Zoologie, Anthropologie, aber auch Sozialwissenschaften, Kenntnisse darüber wie das Gehirn funktioniert und vieles anderes wissenschaftlich Fundiertes mehr, sollten hier eingeschlossen sein und ausreichen, um die Frage zu beantworten: Kann diese Natur mir die Wahrheit sagen? Die Wahrheit über mich und die Welt? Die Wahrheit, die allem zu Grunde liegt?

Denn das Wissen allein genügt ja nicht. Die Psychoanalytiker gehen davon aus, dass ohnehin nicht das Sein, das Irgendetwas, auch nicht das Kant'sche ‚Ding an sich' die Ursache von allem sind, sondern die dahintersteckende Wahrheit. Sie sind vom Symptom ausgegangen, nicht nur vom Krankheitssymptom, sondern auch davon, dass so vieles, wenn nicht sogar alles nur symptomatisch ist, und dass hinter dem Symptom nicht Dinge stecken, sondern Wahrheiten. Deckt man in der analytischen Psychotherapie die Wahrheit auf, verschwindet das Symptom und es entsteht eine gewisse Bewusstheit der Zusammenhänge.

Nun ist diese Art der Wahrheitsfindung nicht auf alles anwendbar. Die Psychoanalyse wird viel zu sehr von der Sprache und dem Sprechen, und damit also von der Sprachwissenschaft, der Linguistik her dominiert. Sie bewegt sich hauptsächlich im Bereich der verbalen *Signifikanten* und lässt den zweiten Bereich, den des imaginären *Signifikanten* außen vor. Immerhin hat sie einen wichtigen Begriff geschaffen, den der Libido, der Energie des Begehrens, des Verlangens, des Anspruchs, der Triebe. Auch wenn Freud die Libido in erster Linie für das Funktionieren seiner Sexualtheorie einspannte, so erwähnt er doch mehrmals auch eine „desexualisierte Libido", die meistens etwas mit der Sublimation all dieser Begehrensformen zu tun hat. Ist die Libido somit eine universelle Energie?

Ja und nein. Die Libido bleibt wohl etwas sehr ans menschliche Dasein Gebundenes. Haben Pflanzen auch Libido? Nein, selbst bei den Tieren muss man sich fragen, ob sie so etwas kennen, denn bei ihnen sprechen wir doch vorwiegend von den Instinkten, die das Feld der *Signifikanten*-Kräfte regeln. Instinkte sind hormonell, neuronal gesteuert, und diese Steuerung ist relativ eng, starr. Auch die Auslöser für Instinktverhalten z. B. für ein Balzverhalten sind streng korreliert, wirken wie eine Innenbild-zu-Außenbild-Mechanik. Die entscheidende Entdeckung des Verhaltensforschers K. Lorenz war es, nachgewiesen zu haben, dass Tiere jedoch fähig sind, innerhalb dieses starren Rahmens der Bild-zu-Bild-Entsprechung (reiner imaginärer *Signifikanten*) ihrer Selbsterhaltungs- und Arterhaltungsinstinkte/Triebe neue Instinkte/Triebe zu entwickeln. Immerhin existieren bei den Tieren Vorgänge, in denen der Instinkt kurz verlassen wird in die Freiheiten des Begehrens wie sie sonst nur bei den Menschen üblich sind. Bestes Beispiel ist der Totstellreflex, der erst spät im Tierreich aufgetreten ist. Im Zustand höchster Anspannung muss es zu einem Instinktausstieg gekommen sein, der einen Geistesblitz ermöglicht hat und sich danach jedoch wieder schnell als Instinkt verfestigt hat.

Die Frage, ob die Natur die Wahrheit sagen kann, aber auch ob die Libido etwas umfassend Substanzielles ist, bleibt somit weiterhin unbeantwortet. Nun muss es aber schon in der Pflanzenwelt etwas geben, was ohne die Hilfe der Libido auskommt, zumindest da, wo es ungeschlechtliche Vermehrung gibt (Apomixis und horizontalen Gentransfer). Geht man weiter davon aus, dass „das Universum die Summe aller *Signifikanten* ist" wie Lacan konstatiert, gilt im Pflanzenreich eher der Bild-zu-Bild Anteil, das Wuchern der imaginären *Signifikanten* als das bestimmende. Es ist noch bestimmender als er es im Tierreich ist. Doch was vertritt dann in der Flora die Libido?

Auch im Pflanzenreich existiert ein Genießen wie Lacan sagt – auch die Bäume, die Amöben und die Bakterien genießen, versichert er.[31] „Der Stoff aller Arten des Genießens grenzt nämlich an das Leiden, und das ist das Kleid, woran man es erkennt – wenn die Pflanze nicht offenkundig leiden würde, wüssten wir nicht, dass sie lebt".[32] Auch an anderer Stelle diskutiert Lacan das Genießen der Pflanzenwelt aus einer dem Unbewussten ähnlichen Form heraus.[33] Dieses also selbst der Flora innewohnende allerursprünglichste Genießen, nenne ich ‚autochthon‘, und es scheint so elementar und eben ursprünglich zu sein, dass die Menschen es weitgehendst verdrängt, verlernt oder verworfen haben. Man kommt ihm näher, wenn man, wie schon gesagt, in einer gesicherten und an die Wissenschaft der Psychoanalyse angelehnten Weise meditiert und starke kathartische Erfahrungen macht. Man muss es aus einer Wissenschaft v o m Subjekt heraus verstehen.

Ich will mich damit von esoterischen Versuchen abgrenzen, die nur intuitiv und fast magisch vom ‚geheimen Leben‘ der Pflanzen sprechen. P. Wohlleben, der hier mit seinen Büchern vom ‚geheimen Leben der Bäume und der Natur schreibt, hat sicher recht, wenn er den Pflanzen ein gewisses Bewusstsein, komplexe Kommunikation und Empfindungen zuspricht, er erzeugt aber auch starke Missverständnisse begrifflicher

---

[31] Lacan, J., Seminar XXI, Vortrag vom 23. 4. 1974.

[32] Lacan, J., Seminar XVIII, Vortrag vom 17. 3. 1971

[33] Lacan, J., Lettres de L'Ècole freudienne, Nr. 16 (1975) S. 192

Art. Denn es geht bei den Pflanzen nur um etwas rein Reflektives, um eine blinde Spiegelung. Der Biologe C. Ammer schreibt, dass im Gegensatz zu Wohllebens Vorstellungen vom sozialen Miteinander der Pflanzen und Bäume krasses Konkurrenzverhalten unter all diesen Gewächsen herrscht. Jeder Stamm kämpft um sein Überleben. Auch würden Bäume auf Schallwellen reagieren ohne deshalb „hören" zu können wie Wohlleben behauptet.[34]

Und U. Schraml, Professor für Forst- und Umweltpolitik, meint daher, Wohlleben gleite von der Metapher zur Metaphysik. Er geht von Analogien und Ähnlichkeiten aus, was mit Wissenschaft nichts zu tun hat. Wohlleben schreibt zum Beispiel den Krähen große Intelligenz zu, sie seien zu bewusster Täuschung fähig. „Sie führen lebenslange Beziehungen. Wenn ihr Weibchen nahe ist, vertreiben sie demonstrativ Konkurrentinnen. Wenn das Weibchen aber ausgeflogen ist, wird jede Krähe angebalzt, die ihnen nahe kommt." Na ja, ist das Intelligenz oder Trieb, vielleicht beides? Schließlich ist so etwas ja auch vom Menschen bekannt ohne dass viel Intelligenz dazu gehört.

Unsere Umwelt lebt viel authentischer als wir es sehen, trotzdem ist das Leben einer Amöbe etwas anderes als das eines Menschen. Es gibt eine horizontale und eine vertikale Achse des Begriffs Leben. Ich habe dies in der folgenden Abbildung dargestellt. Die vertikale x-Achse ist die, die unten mit dem Prokaryonten beginnt, Zellen ohne Kern, Viren, Prionen. Vielleicht könnte man bei

---

[34] Charisius, H., Im Märchenwald, SZ vom 22. 1.2020, S. 14

noch undifferenzierteren Formen anfangen, also bei den puren imaginären *Signifikanten*. Nach oben hin steigert sich die Komplexität bis hin zum Menschen. Die waagerechte y-Achse ist die der Bedeutung, des Symbolischen, der verbalen *Signifikanten*. Hier steht links das einfachste nur denkbare Ökosystem, die Beziehung von Wasser, Luft und Erde, also so Ähnliches wie es früher in den Mythen der vier Elemente schon vorkam, aber heute zählen wir mehr Grundelemente.

Ganz rechts außen dagegen steht die Beziehung des

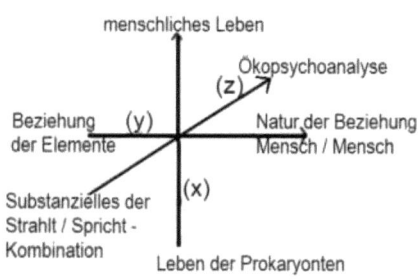

Menschen zum Menschen (ich gehe davon aus, dass dies die Natur des Menschen per se ist). Die z-Achse zeigt das, was man Öko-Psychoanalyse genannt hat, die sich quer durch das ganze Leben und Ökosystem einschließlich psychoanalytischer Grundlagen schräg nach rechts oben und hinten zieht. Sie schließt die Mensch / Mensch – Beziehung ein, aber nur am äußersten Rand, so wie sie sich auch nicht so vorwiegend um die Beziehungen früher Formen „primitiven" Lebens kümmert.

Ein Gärtner kann ein guter Ökopsychoanalytiker sein, wenn er nicht nur von der Botanik etwas versteht, sondern auch von Gartengestaltung bis hin eben zu den Geheimnissen, mit denen eine seltene Pflanze, ein neu entdecktes pflanzliches Heilmittel, ein besonders ästhetisches Gewächs zwischen den Menschen Harmonie und Verständnis für all das Leben vermitteln kann. Um dem Begriff Ökopsychoanalyse voll zu genügen, muss dieser Gärtner noch etwas mehr aus dem Reich des unbewussten *Spricht*, der versteckten Chiffren, der symbolischen Signifikaten verstehen. Aber was ist nun der Ausgangspunkt der z-Achse?

Diesen Fragen haben sich Philosophen und Ethiker schon seit vielen Jahren auf ihre Weise gestellt. A. Kallhoff z. B. hat Details einer ‚Pflanzenethik' entworfen, die sich am Gedeihen der Pflanzen und an der Beziehung Mensch-Pflanze orientiert. Sie spricht den Pflanzen einen moralischen Status zu und begründet dies unter anderem mit dem ‚objektiven Wert der Selbstbesorgtheit des Lebendigen'. Ich kann hier nicht alle ihre sehr komplexen ethisch-philosophischen Gedanken auflisten. Aber es ist klar: Pflanzen haben ein eigenes Überlebensrecht, das den mit ihnen lebenden Menschen oft nur sehr schwer zu vermitteln ist. Die Frage der Moral ist deswegen schwer zu stellen, da sie aus herkömmlicher Sicht gar nicht in den Blick kommt. Aber – so Kallhoff – sie kann für die ethische Diskussion äußerst geeignet sein.

Ich denke, dass sie noch mehr dazu geeignet ist, das Wesen des Genießens in seinem vielschichten Sinn zu klären. Dazu zeige ich nochmals das gleiche Schema, jetzt jedoch im Sinne des hier vorliegenden Textes einer – wie ich sagte: Wissenschaft v o m Subjekt. Zuerst zur Mann / Frau - Beziehung. „Die sexuelle Beziehung", schreibt Lacan, „ist in ihrer Struktur nicht fassbar",[35] nicht aussagbar, nicht logisch definierbar oder gar „quantifizierbar". Ihre Beziehung wird vom betont verbalen, phallischen *Signifikanten* beherrscht (das ‚plaisir phallique' ist nur die äußerliche Freud'schen Fehlleistung des sogenannten Liebesaktes).[36] Und so muss man das eigentliche Genießen, die ‚jouissance', vom allzu

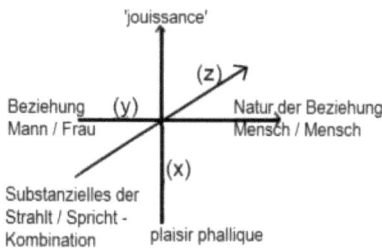

menschlichen ‚plaisir' abgrenzen und es in der Vertikalen „zur Würde des ‚Dings' erheben". Hier, in der Vertikalen, muss also nachgebessert werden, wozu ich das Verfahren der *Analytischen Psycho-katharsis* heranziehen möchte.

Diese Würde spiegelt sich in der als horizontal aufzufassenden Direkt - Beziehung Mensch / Mensch viel zu wenig wider, indem diese Beziehung auch nicht viel besser zu definieren ist als die zwischen Mann und Frau. Soziologische, politische, ökonomische, familiäre, kulturelle, nationalsprachliche und andere in der Horizontalen angesiedelte Beziehungen sind im ständigen Fluss, geraten durcheinander, gehen Kooperationen ein usw.

---

[35] Lacan, J., Radiophonie, Silicet 2-3:455-99 (1970)
[36] Lacan meint, der Sexualakt sei eine Scheinbeziehung, gehe meist daneben und sei ein Patzer, weil der Mann am Höhepunkt seiner Angst, also wo er nicht mehr weiter weiß, ejakuliere.

Auf sie ist kein letztlicher Verlass, am ehesten sind sie noch ein ständiges ,Vorwärtsscheitern', also das Pendant zum Scheitern des oft so hochgejubelten Liebesaktes, der eher einem ständigen ,zurückgeworfen Sein' gleicht.

Wenn ich in diesem Buch die Vertikale heraushebe, so deswegen, weil sie noch mehr vernachlässigt ist wie die Horizontale, ich aber kein Buch über Gesellschaftswissenschaften schreiben will mit dem Ziel, wie man doch endlich alles besser machen könnte. Wie man Kriege vermeiden, soziale Ungerechtigkeiten endlich aufheben und eben das gerade erwähnte ,Vorwärtsscheitern' in der Horizontalen beseitigen und lösen könnte. Davon sind die Regale in den Bücherläden bereits voll, und ich muss kein neues Werk dazugeben. Mein hier vertretenes Ziel besteht darin, die Vertikale zu klären und zu verbessern, weil man dann beim Substanziellen der gelungenen *Strahlt / Spricht* – Kombination landen kann, deren nunmehr diagonales Ziel das jedes Einzelnen ist, der sich mit der *Analytischen Psychokatharsis* darum bemüht (deswegen keine Beschriftung des Endes der z-Achse).

Bleibt als Ausweg die Diagonale (in der Abbildung oben die z-Achse). Denn wo bleibt die Liebe zur gewagten Stille, zur inneren Höhe, zur einfachen, schlichten, simpelsten Weisheit, die sich die Eremiten früher mit viel Askese, Schweigen und Einsamkeit erwirken mussten? Wo ist die erotisch-manische Seele Platons geblieben, diese Liebe zur Sublimation, zur Verfeinerung und Ziselierung in die kleinsten Verästelungen eines ewigen

‚Was-Es-Auch-Sei' hinein, eines Schimmerns, ‚Durchrieselns' oder einer Katharsis wie sie kontemplativ erreicht werden kann? Es geht um die Liebe als losgelöster Zustand, als stille Verheißung, als Glaube an das unbewusste Bild seiner Selbst.

Es geht also um das ‚Ding', die eigentliche ‚jouissance', die ich autochthon, auratisch oder weiblich nennen kann wie es viele Autoren getan haben. So zum Beispiel die Psychoanalytikerin R. Golan, die dieses Weibliche der ‚jouissance' als originär-libidinöses bestimmt und besonders gut herausgearbeitet hat. Die weibliche Form des Genießens, so schreibt sie, schließt auch Schmerz und Leid ein, „beinhaltet aber auch Universalität, Höhe, Grenzenlosigkeit, Erkenntnis / Erleuchtung, Wissen, Freiheit und Glückseligkeit".[37] Hier kommen wir also der Antwort auf die Frage, was das autochthone Genießen oder die ‚Jouissance' per se ist, näher. Es muss nicht unbedingt eine ‚Verschmelzung' oder eine ‚Vision' sein, wie es die christlichen Mystikerinnen so gut vorgemacht haben. Aber vielleicht hat es doch gerade etwas mit dem Substanziellen des *Strahlt / Spricht* – Komplexes und dem Genießen speziell der untersten Lebensformen, wie es also die Pflanzen sind, zu tun. Denn es ist ja ein Genießen ohne objektartigen Hintergrund, ohne Liebesobjekt sozusagen, ohne Bestimmung, einfach nur in der Mitte des Realen.

Es ist dies der Grund, warum Lacan das Genießen des Realen den Mathematikern zuschreibt, denn sie halten

---

[37] Golan, R. Loving Psychoanalysis, Karnak (2006)

sich ebenso nicht an gegenständliche, an sachbezogene Objekte, sondern an die Zahlen. Bis heute gibt es keine empirisch bewiesene Theorie der ersten ganzen Zahlen, und so scheint das mathematische Gebäude in der Luft zu hängen. Das Bestechende an der Mathematik ist aber dennoch die Intensität ihrer Vertikalen, auch wenn diese oft ein wenig lebensfremd erscheint. Insofern klingt es auch widersprüchlich, dass für die letztliche ‚jouissance' nur die Zahlenjongleure zuständig sind. Später sagte Lacan dementsprechend auch ganz klar, dass die letztliche ‚Jouissance' jenseits aller anderen Bereiche des Genießens zu finden ist.[38]

Also im ‚Ding', am Ende der Diagonalen. Eine wissenschaftliche Maßeinheit für das ‚Ding' und die ‚jouissance' gibt es demnach nicht, und gegenüber Φ existiert auf der weiblichen Seite kein so unmittelbares, direktes Pendant, keine völlige und präzise Entsprechung. Das hat ein bisschen damit zu tun, dass die Frauen das ihnen ureigene Genießen meist etwas gering schätzen, ihm kein so großes Gewicht geben und es nicht ausreichend gut in eine spezielle logisch-praktische Form bringen. Sie glauben selbst nicht so sehr daran oder „es fehlt ihnen etwas am symbolischen Material" dazu, wie Lacan süffisant bemerkte. Nun, ich glaube nicht, dass man es so sagen kann. Es fehlt ihnen eher das, was uns allen fehlt, nämlich wie man Φ und seinen Mit- und Gegenspieler, den es ja auch irgendwo und irgendwie geben muss in gelungener, passender, idealer Form zusammenbringt. Denn den Männern fehlt es am

---

[38] Lacan, J., Seminar XXI, Vortrag vom 12. 3. 1974

bildhaft Psychischen, an einer stabileren imaginären Ordnung oder am besser kontrollierten Bild-Wirkendem, Körper-Eigen-Spiegelndem, wie ich es nennen würde, d. h. am ‚Ding'.

An anderer Stelle habe ich daher hinsichtlich des Weiblichen von Ψ (griechisch Psi) gesprochen, um dem Mythos von Gott Eros (Φ) und der Königstochter Psyche (Ψ) zu folgen. In diesem Mythos verbarg Eros sein zielgerichtetes Luststreben in der Dunkelheit. Psyches böse Schwestern hatten ihr gesagt, Eros sein eine hässliche Schlange, doch als Psyche mit einer Öllampe in der einen und einem Schwert in der anderen Hand zum nächtlichen Treffen mit Eros erschien, sah sie sein lächerlich kleines ding (φ), aber auch den schönen Jüngling. Sie lachte, legte das Schwert zur Seite, stellte das Licht auf den Boden, und wenn sie nicht gestorben sind, so leb . . . . . . Lacan spricht vom ‚Ding' asl etwas, bei dem es sich um Primordiales, schon prähistorisch Wirksames, Kraft einer Urahnin oder Ahns, handeln soll, was in der Psyche selbst des modernsten Menschen nach- und mitwirkt. Ich setzte also Ψ dem ‚Ding' gleich, um bei der Wissenschaftssprache der Psychoanalyse zu bleiben. „Der Unterschied zwischen dem 'Ding' und dem Objekt, der chose", so schreibt Lacan, „ist der, dass das 'Ding' fundamental fremd ist, . . jedenfalls das erste Außen ist als das, woran sich der ganze Weg des Subjekts orientiert. Es ist ohne jeden Zweifel ein Weg der Referenz, im Verhältnis wozu? – zur Welt seiner Begehren."[39]

---

[39] Lacan, J., Seminar VII, Quadriga (1996) S. 66 f

Ich deute dies so: Wir begehren zu viele Objekte, wir sind zu sehr objektbezogen, und so bleiben wir unten beim phallischen ‚Objekt', zu sehr geerdet, anstatt das ‚Objekt' – wie von Lacan bereits zitiert – „zur Würde des 'Dings' zu erheben". Das soll heißen, dass man sich selbst hochgradig vergeistigen, und sublimieren, kurz und so wie ich es eben vermitteln will: vertikalisieren muss, um an das Reale des ‚Dings' heran zu kommen, was dann etwas ganz anderes ist als beispielsweise das orale Objekt, das im Gaumenkitzel verspeist wird. Oder das Sexualobjekt, der phallische Körper der Frau. Oder das Objekts des Blicks, die frivole Schaulust im TV, Smartphone, Labtop usw.

Das ‚Ding' Lacans war eine Hommage an Kant und Freud. Ich werde zu ‚Ding' noch Genaueres sagen. Denn es hängt mit dem Genießen zusammen, von dem Lacan behauptet, es sei nur im *Anderen* des Liebespaares erfassbar,[40] in Goethes ‚Ewig-Weiblichen'. Und nicht nur die Frauen würden es wie gesagt nicht so ernst nehmen, auch von den Männern wird es verdrängt. In der phallischen Phase würden die Frauen überrumpelt und glauben, dass sie es mit Φ, mit männlicher Zuwendung, Souveränität oder gar Liebe, sowie gelungener Mutterschaft finden könnten. Auch als Künstlerin, Dichterin und in sämtlichen Berufen könnte die Frau sich das Gleiche holen: Verehrung und soziale Anerkennung, und doch bleibt in der Rechnung dieses wahren und sublimierten Genießens noch etwas offen. Denn die Männer genießen ja Zweierlei, die soziale Anerkennung

---

[40] Lacan, J., Seminaire XIX, Edition Seuil (2011) S. 112.

(wenn sie es in der Arbeit richtig machen) und dann eben noch Φ, das ‚plaisir phallique‘, das den Frauen zwar auch zusteht, aber eben nur um die männliche Ecke herum, nicht direkt, nicht wahrhaftig wie es die ‚jouissance‘ verwirklicht.

Wenn es sich also so verhält, dass Φ das unbewusste Sexuelle, die erotische Metapher schlechthin vermittelt, und der *Andere,* groß **A,** in uns nur kastriert, als $\not A$ mit Querstrich, zu haben ist, und das ‚Ding‘ im Rätselhaften verweilt, was bleibt dann eigentlich in der Psychoanalyse noch an Freude und Glück, an Seligkeit und positiver Gewissheit? Denn zumindest der Eros-Lebenstrieb führt ja bei Freud auch noch den Todestrieb mit sich, ein Trieb zur Destruktion und Vernichtung. Der Literaturwissenschaftler E. Goebel meinte ganz generell, dass Freud sich spätestens mit der Entdeckung dieses Destruktions- bzw. Todes-Triebs das Konzept des ureigensten Genießens in der Form weitreichender Sublimierung (speziell auch Selbstsublimierung) vermasselt hat.[41] „Wenn die Strebung zu Destruktion und Tod tatsächlich ein Trieb ist, aktiv und dynamisch, dann zwingt ein solches Konzept miteinander legierter Eros- und Todestriebe zu viel Verzicht und Askese und mündet in Pessimismus", schreibt er. Für Verfeinerung, Sublimation und Vertikalisierung bis hin zum Genießen als solchem, zur ‚jouissance' und zum ‚Ding‘, ist dann kein Platz mehr.

---

[41] Goebel, E., Jenseits des Unbehagens, transcript (2009) S. 10 - 14

Nun sagt Lacan ohnehin, dass die Psychoanalyse das „Negativ der Religion sei", dass das Religiöse bzw. ‚Spirituelle', Selbstsublimierte also das Positiv darstellt, was nicht heißen soll, dass es besser ist und Lacan ‚Spiritualität' empfiehlt. „Negativ der Religion" heißt, dass es sich beim religiösen oder sogenannt ‚spirituellen', geistigen Weg um eine andere Seite, eine Gegenseite zur Psychoanalyse handelt, die jedoch mythisch und nicht wissenschaftlich verfasst ist. Um die Beziehungen zwischen dem ‚Spirituellen' und der Psychoanalyse genauer zu definieren, verwendet Lacan seine Dreiteilung in Symbolisches (Sprachliches), Imaginäres (Bildliches) und Reales (Geometrisch-Mathematisches).

Er hat diese generelle Systematisierung durch die genannten drei Bereiche in einer Verknotung bzw. Verschleifung dargestellt, die er den Borromäischen Knoten nennt. Die unten nebenstehende Abbildung zeigt dieses Gebilde, in dem drei Ringe so untereinander verschlungen sind, dass die drei Bereiche sich überlappen und so die Zusammenhänge dieser drei Bereiche deutlich werden. Auch ist sichtbar, dass beim Durchschneiden nur eines der Ringe alle frei werden. So definiert Lacan die Religion als das Sprachliche **R**ealisieren des **I**maginären, abgekürzt RSI, was der genannten Dreiteilung eine bestimmte Richtung gibt. Diese besteht darin, dass etwas Bild-Wirkendes, Imaginäres im Sinne des Geistigen durch

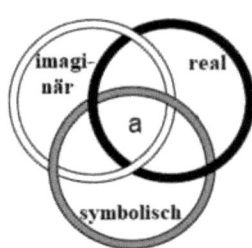

Sprache (z. B. die Sprache der Bibel) realisiert, innerlich real erfahrbar wird.[42]

Und so bestünde die Psychoanalyse – so Lacan weiter – dagegen darin, das **R**eale **I**maginär zu **S**ymbolisieren (SRI). Wie oben gesagt, antwortet der Psychoanalytiker nicht direkt auf das, was sein Klient, Patient, sagt, sondern schaltet etwas dazwischen, nämlich das Unbewusste so wie Freud es erforscht hat. Das im Unbewussten verdrängt Reale wird mittels Bildhaft-Imaginärem, mittels Vorstellungen, sprachlich ausgedrückt.[43] Es ist klar, dass Lacan damit bestätigt, dass die Psychoanalyse nicht weiter und umfassender zu werten ist wie die Religion, die freilich in ihren Sublimierungen genauso wie in der Psychoanalyse nicht weit genug in die Regionen der ‚jouissance' gelangt. Ich möchte jedoch dahin kommen und schlage daher mit der *Analytischen Psychokatharsis* einen dritten Weg vor, den ich gleich noch als IRS bezeichnen und erklären werde (das Symbolische real imaginieren). Lacan behauptet also, dass dies die Mathematiker täten.

Doch es gibt auch einen praxisnäheren Weg von IRS als es die Mathematik mit ihrer Lebensferne tun kann. In ihrem Buch ‚Zen-Buddhismus und Psychoanalyse' haben D. T. Suzuki als Kenner östlicher Meditation und E. Fromm als Psychoanalytiker bereits einen ähnlichen Versuch gemacht. In einem profunden Vergleich versu-

---

[42] Gott als etwas wesentlich Bildhaftes, wird also in Worten realisiert.

[43] Umgekehrt verhält es sich beim Psychotiker. Er realisiert Imaginäres so intensiv, dass er es nur entsprechend der dahinrasenden Bilderflut zerstückelt symbolisieren kann (RIS).

chen sie zu zeigen, dass das ‚Spirituelle' wie das Psychoanalytische völlig gleichwertig sind und sich daraus
weitere Schlüsse ziehen lassen. Sie haben allerdings
letztlich kein übergeordnet-verbindliches Resultat gefunden.[44] Während Suzuki in pauschalen Begriffen (was
man dem Osten gerne zugesteht) und in den für den Zen
typischen Paradoxien seine Zen-Meditation erklärt, argumentiert Fromm ebenso pauschal, aber gleichzeitig
akademisch abgehoben über seine ‚humanistische Psychoanalyse' (was man dem Westen nicht so zugestehen
kann). Auch andere Autoren sind ähnlich vorgegangen
wie etwa B. S. Goel,[45] der Psychoanalytiker R. Zwiebel[46] oder H. Stein.[47] Doch auch sie haben keine gleichermaßen theoretische wie praktische Lösung als dritten
Weg angeboten.

Tatsächlich scheint es sehr schwer zu sein, meditativ-
geistige Methoden so mit der Psychoanalyse in Beziehung zu setzen, dass ein konstruktives Ergebnis herauskommt. Und doch ist dies gerade mit der erwähnten
Dreiteilung des IRS, also das Symbolische real zu imaginieren, möglich. Wenn die Religion das Bild Gottes
durch die Sprache der Bibel real erfahrbar macht, benutzt sie auch die Vertikale, aber nicht im Sinne des

---

[44] Suzuki, D. T., Fromm, E., Zen - Buddhismus und Psychoanalyse, suhrkamp (1972)
[45] Goel, B. S. Meditation und Psychoanalyse, Ariston (1989)
[46] Zwiebel, R., Weischede, G., Neurose und Erleuchtung, Klett
-Cotta (2009)
[47] Stein, H., Freud spirituell, Königstein-Urania Verlag (2001)

psychologisch-eigenen Seins.[48] Es handelt sich vielmehr um eine geistig-imaginäre Vertikale. Bei den Mathematikern nunmehr sieht es so aus, als befinde sich im arithmetischen Universum eine klare Aussage (Symbolisches), die der Mathematiker nur real mit seinen Zeichen (Imaginärem) deutlich machen muss. Das Vertikale kommt zwar intensiv, aber letztlich doch zu abstrakt daher.

Ich werde für die *Analytische Psychokatharsis* also ebenfalls IRS wählen, weil dies, wie ich noch zeigen will, auch für dieses Verfahren zutrifft. Dabei werden nicht Zahlen gefunden, sondern das ‚Ding‘, auch wenn ich mir dabei fast frevelhaft vorkomme. Denn wenn ich die Psychoanalytiker als in Scholastik zurückgefallene Vereinsmeier darstelle und das ‚Spirituelle‘, Geistige, als theoretisch und praktisch inkompetent, die Mathematiker zu abstrakt, um als Lösung für all die Probleme aus dem Dickicht unbewusster Wünsche (der Begehrensobjekte), geeigneter Sublimierungen und der Kombinationen der anspruchsvollen Lacanschen Knoten aus Symbolischem, Realem und Imaginärem, gelten zu können, muss ich dann nicht ein Hochstapler, ein wahnhaft Frevelnder, ein Geltungssüchtiger sein? Aber viele, denen man das nachgesagt hat, haben sich dann doch als einfache Menschen entpuppt.

‚.

---

[48] Vor Verwendung der Schrift war dies anders, da war in einem kunstvoll aufgestellten Monolithen alles zusammengedrängt vorhanden, worauf ich im nächsten Kapitel eingehen will.

4. Der negative Raum

Der ungarische Kunsttheoretiker und Literaturkritiker L. F. Földényi sieht den Begriff der Melancholie positiv. Er will ihn nicht wie Freud als psychischen ‚Objektverlust' verstehen, sondern als metaphysisches Gefühl, mit dem man kreativ arbeiten und gute Erfahrungen machen kann.[49] Doch Freud verwendete den Begriff mehr im Sinne einer depressiven Verstimmung, ja einer psychotischen Erkrankung. Das psychische ‚Objekt', das das Innere in seinem ganzen Wesen ausgefüllt hat (zum Beispiel das Introjekt der sogenannten ‚frühen Mutter'), ist verloren gegangen, kann seelisch nicht mehr festgehalten werden. Es hat sich zu einer Identifizierung zurückverwandelt, Selbst und ‚Objekt' sind nicht mehr getrennt, und so in tödlicher Liebe vereint.

Doch Földényi wählt zur Erklärung seiner diesbezüglichen Vorstellungen das Bild A. Dürers ‚Melancholia', das ich gleich zum besseren Verständnis auf der nächsten Seite postiere. Es zeigt einen sitzenden Engel, der vor sich hin sinniert, und zwar wie man annehmen kann: melancholisch vor sich hin sinniert. Den linken Arm aufs Knie gestützt und in der rechten Hand einen Zirkel haltend, als könnte man den Gemütszustand vermessen. Mit Sicherheit handelt es sich nicht um die Versunkenheit wegen des Freud'schen ‚Objektverlustes', obwohl man nicht ganz ausschließen kann, dass Dürer hier selbst an eine sogenannte ‚depressive Episode' gedacht

---

[49] Földényi, L. F., Lob der Melancholie, Matthes & Seitz (2019)

hat, wie die internationale Klassifizierung psychischer Krankheiten es (kalt katalogisiert) ausdrückt.

Aber um die Einzelheiten medizinischer und auch psychoanalytischer Art geht es hier — besonders in Bezug aus Földényis Beschreibung — gar nicht. Neben den vielen Gegenständen und Gestaltungen geht es Földényi vor allem um den links groß im Bild gelagerten und wohl aus Stein geschnitten und geschliffenen Polyeder, der — so der Autor — zeigen würde, dass Dürer damit „von einer sehr innigen Kenntnis der Melancholie Zeugnis abgelegt hat".

„Dieser Steinblock ist nicht nur ein Symbol, sondern auch ein lebendig pulsierender Ausdruck der Melancholie. Indem er den Raum des Bildes betritt, verstellt dieser Steinblock den Ausblick, verstellt ihn aber auch wieder nicht. Und das gilt nicht nur für den Ausblick, sondern auch für die Deutung des Bildes als Ganzes. . . . Eine befriedigende Deutung und Enträtselung des Steinblocks ist aber noch niemanden gelungen".[49] Wie Földényi weiter schreibt, könnte die Erneuerung geometrischer Darstellungen in der damaligen Zeit dazu beigetragen haben, dass Dürer solch ein Polyeder in das Bild eingebracht hat. Auch von der Ästhetik her könnte man „vom Polyeder als einem befreienden Anblick sprechen", von avantgardistischer Kunst, vom Spiel mit Fremdheit und Unerklärlichkeit. Es ist, als müsse man in den Polyeder eindringen, indem man dann in einen „negativen Raum" gerät, schließt Földeniy.

Negativer Raum? Klingt gut. So etwas trifft exakt auf jede Form gelungener Meditation zu. Man sucht einen ruhigen, stillen Platz, schließt die Augen und meldet sich ab. Irgendwie verschwindet das Körperbild- und Raumgefühl. In die Horizontale, nach den Seiten hin, gibt es keinen Halt. Von daher kommen eher die Bilder, Erinnerungen, Gedanken, die nicht wichtig aber umfangreich sind. Dennoch muss man sich ihnen stellen. In der Psychoanalyse ist es notwendig, sich vor jemand *Anderem* zu enthüllen, etwas einzugestehen, in der Meditation oder der *Analytischen Psychokatharsis* findet die Enthüllung durch die *Pass-* oder Identitäts-*Worte* statt, die einem ein Eingeständnis abringen. So – im Eingeständnis – richtet sich die Vertikale auf.

Im weiteren Verlauf seines Buches aber kommt Földényi auf die Idee, dass in Stanley Kubricks bekannten Film *2001: Odyssee im Weltraum* eben solch ein quaderartiger Stein- oder Metallblock eine entscheidende Rolle spielte! Er taucht an Wendepunkten der menschlichen Geschichte auf, verschwindet wieder und erscheint wie ein memento mori am Ende wieder. Auch hier wieder muss man ihn als unlösbares Rätsel stehen lassen wie Földényi meint. Er hat insofern recht, als diese glatt geschliffenen, perfekten platonischen Körper einfach zu künstlich sind. Die Monolithen der Steinzeitkulturen, die ich oben erwähnte, stellen etwas ganz anderes dar. Sie sind in die Senkrechte aufgerichtete Felsbrocken, die einem damaligen Götzenkult dienten, der eventuell mit astronomischen (Sonnenaufgang etc.) Ereignissen korrelierte. Etwas ‚Spirituelles' sozusagen, nicht so sehr Psychologisches.

Doch Földényi hat noch mehr zu bieten. In der nebenstehenden Abbildung ist die Feldkapelle zu sehen, die der Architekt P. Zumthor in einem ländlichen Areal in der Schweiz errichtet hat. Auch dieses Bauwerk hat wieder eine polyedrische, nämlich fünfeckige Form. Földényi schwärmt schon beim Herangehen über die mächtige und über zwölf Meter aufragende Steinformation. Sie erweckt in ihm „das Bewusstsein von der Endlichkeit des Daseins", er spricht davon, wie der schwere, unbewegliche Block bei längerer Betrachtung umso dynamischer wirkte, obwohl er auch den Eindruck eines leichten Schwebens erweckte. Ins Innere eingetreten preist er die „Poetik des Raums" und die „Katharsis des Raumerlebens", was alles ein wenig romantisierend und schwärmerisch-pathetisch herüberkommt, wenn man bedenkt, dass er über zwanzig Seiten darüber schreibt.

Nun ist Földényi kein Patient in einer Freud'schen Psychoanalyse, wo man diesen Riesenturm leicht als phallisches Symbol interpretieren könnte. Deswegen ist es gut, dass der Autor letztendlich – wie beim Polyeder Dürers – von etwas Unerklärlichem spricht, die alle diese kunstvollen und doch schlicht natürlichen Steinquader umgibt. Dennoch erinnert mich diese Feldkapelle an die Türme großer Kathedralen, bei denen man nicht gerade den Eindruck hat, sie seien Symbol des Glaubens und der Demut. Sie sind wohl wegen ihrer Machtdemonstration, ihrer monumentalen Kraft, ihrer Power und ihres Stolzes wegen da. So ganz unerklärlich ist das alles vielleicht doch nicht.

Und so kann ich einen Erklärungskompromiss anbieten und das Rätsel all dieser Steinkolosse lösen, ohne ihre Bewunderer zu vergrämen. Wie bei Dürer und Kubrick stellen diese Steinpolyeder für meine Optik die Vertikale des Ichs dar, das sich – nicht zu Unrecht – Anerkennung und Bestätigung verschaffen will. Denn dieses Ich muss aus den Köper-Eigen-Spiegelungen, aus dem Kaleidoskop seines Imaginären, Bild-Wirkenden, luzide Glänzenden, heraustreten, um sich seiner gerechten, ihm zustehenden, passenden und gültigen Wirkung bewusst zu werden. Ob die Steine dazu das beste Mittel sind, kann man anzweifeln. Sie zeigen Stärke, Macht, Potenz, aber vielleicht zu wenig meditative oder gar wissenschaftliche Wahrheit. Freilich stehen auch andere Künste, Philosophien und Kulturdenkmäler nicht besser da.

Um eine solche Wahrheit geht es aber in diesem Buch. Architektur, Kunst, Philosophie mögen für die Erfahrung des vertikalen Ichs hilfreich sein, aber in der *Analytischen Psychokatharsis* kann man diese Vertikale an sich selbst erfahren, man braucht nicht einmal einen Führer, Lehrer oder Therapeuten. Aus der Gegenüberstellung des üblichen in die Horizontale sich ausweitenden Ichs mit dem vertikalen Ich, ergibt sich das allein gültige Ziel. Ich könnte es das diagonale Ich nennen, in dem alle Zuschreibungen vereint sind. Doch der Weg führt zuerst einmal über die Senkrechte und ist vor allem für jedes Ich – wie der Philosoph M. Heidegger sagen würde – die je Seinige. Sieh dich in meinen Bildern, sagt der Maler, hör dich in meinen Worten, raunt der Philosoph, aber ich empfehle ein sieh und hör dich in dir selbst: mittels des *Anderen* in dir samt seiner Negativität, mittels der Vertikalen samt ihres negativen Raums und mittels all derer Kombination, die dann die Diagonale ausmachen und mit ihr das ‚Ding'.

Erst heute sehen nämlich viele neuere Psychoanalytiker das Vorherrschen primärster Spiegelungen, speziell solcher im eigenen Körper, also das starke uns von Anfang an bestimmende ‚Körper-Spiegel-Ich', das psychische „concrete original object" (COO), als ohnehin präexistent an.[50] Wer Säuglinge beobachtet hat, und dies gehört heute zur psychoanalytischen Ausbildung, wird bestätigen, dass in den ersten Wochen das Kind selbstspiegelnd in sich verbleibt. Der noch vom Biologischen her bestimmte Saugreflex kann nicht mit dem ‚oralen Ob-

---

[50] Ferrari, A. B., From the Eclipse of the Body to the Dawn of Thought, London: Free Association Books (2004)

jekt', also der Lippen- und Gaumenlust des sich bildenden Oraltriebs verwechselt werden.

Laut Freud hat die Reizung der Mundzone zur Folge, dass die mit der Nahrung verbundene Bedürfnisbefriedigung zu einem eigenen Trieb führt. Das Kind versucht dann durch Daumenlutschen und anderes dieses Befriedigungserlebnis zu wiederholen, obwohl es gut gesättigt ist. Auch noch viele Monate später wird alles in den Mund gesteckt, um diesen vom eigentlichen Bedürfnis völlig losgelösten Trieb zu befriedigen. Ja, selbst der erwachsene Gourmet setzt dieses Verlangen oft bis in seine letzten Lebensjahre fort, indem er das als reifer anzusehende erotische Genussleben in Partnerschaft mit anderen Menschen nicht genügend ausschöpft und sich mit seinem ,amuse gueule' autistsich zurückzieht. Natürlich kann hier das Gleiche passieren, nämlich im infantil Sexuellen fixiert zu bleiben, was Lacan hinsichtlich des Mannes veranlasste zu sagen: „Der Mann ist mit seinem Phallus verheiratet, eine andere Frau hat er nicht". Auch im Gaumenkitzel bleibt man nur mit sich selbst vereint. Das reifere Genießen, die ,jouissance' wird nicht erreicht.

Die ganz frühe Körper-Eigen-Spiegelung ist dennoch eine wichtige seelische Erfahrung. Das Kind hat also noch keine oder nur ganz geringe ,horizontale Beziehungen' und verharrt einige Zeit in der ,vertikalen Beziehung' zu sich selbst. Erst später folgen dann die eigentlichen Selbstspiegelungen, mit denen man sich nach außen hin im Anderen reflektiert, wozu dann eben auch sekundärer Narzissmus und andere Eitelkeiten und Gel-

tungssüchte gehören. Kurz: es geht um genau das, wo
man als Einzelner mit sich selbst allein sowieso anfängt
oder anfangen muss, bevor Welt und Gesellschaft dazukommen. Diese frühe Entwicklungsphase hat man immer schon mit fragwürdigen Begriffen wie dem Vor-
sprachlichen, Mentalisierenden, Performativen und ähnlichen Füllworten erklären wollen.

Sie ist es auch, die die Menschen dazu drängt die Senkrechte in ihren Vorstellungen und Künsten, Politiken
und Kulturen dingfest zu machen, obwohl dies alles nur
vergängliche Bemühungen sind, dem vertikalen Ich gerecht zu werden. Ich habe schon erwähnt, dass Freud
jeden Kirchturm, von dem jemand träumte, zum phallischen Symbol gemacht hat. Aber diese psychoanalytische Besonderheit beruft sich auf die genannte im dritten bis fünften Lebensjahr auftretende phallische Phase,
die bei beiden Geschlechtern gleichermaßen einen gewissen Sexualstolz hervorruft. Es handelt sich also um
eine viel spätere Entwicklung als die Phase des COO
und kann somit nicht mit dieser frühen Phase verwechselt werden.

Diese früheste Spiegelungsphase ist also die erstere der
zwei Formen von Spiegelungen, indem sie eine direkte
Spiegelung mit dem eigenen Körper ist, das pure Es
Strahlt, die zum Individuum zurückkehrende Spiegel-
strahl-Gerade.[51] In der *Analytischen Psychokatharsis*
tritt es auch als zu spürendes, als koenästhetisch wahr-

---

[51] Ich werde noch auf die Gemeinsamkeit von Kreis und unendlicher Gerade zurückkommen, die vom Geometrischen
her gesehen diese Frühphase erklären kann.

zunehmendes Körperbild auf, also als das COO in Form eines körpereigenen ‚Durchrieselns', wie ich es noch beschreiben werde. So bezeichnet auch die Psychoanalytikerin S. Maiello diese Frühform des Es *Strahlt* als gespürtes „Erlebnisobjekt", indem das Kind die Wärme und die Erregungen der Mutter – möglicherweise schon im Mutterleib – als etwas Eigenes bild-wirklich ‚erlebt'.

Die Frühform des damit korrelierenden Es *Spricht* nennt sie das „Klangobjekt", weil das Kind den Herzschlag und Sprechen der Mutter ‚hört' und auch dies für sein eigenes Rhythmisches, Widerhallendes, Verlautendes hält.[52] Viele Primärvölker versuchen diese Frühphase zur Kommunikation zu nutzen, indem sie in den ersten Lebenswochen das Lallen des Kindes nachahmen, um eine Art von Gleich- und Miteinander-Klang herzustellen. Nun verbinden sich diese psychischen ‚Objekte' untereinander anfänglich in noch ziemlich chaotischer Weise, wie sie ja für imaginären *Signifikanten* typisch ist. Wohl deswegen kommt es zur zweiten Phase, die der Selbstspiegelung im Anderen außen und mit dadurch zu einem mehr elaborierten *Spricht*.

Hier, in dieser zweiten Phase, geht es um das, was jeder schon in der Schule lernt: die Selbstspiegelung im Anderen außen, von der es immer heißt, man würde nur dadurch ganz und authentisch. Nur im Anderen könne man sich wahrhaft sehen und verstehen (bild-wirklich) und auch als Identität für sich benennen (wort-wirklich).

---

[52] Maiello, S., Das Klang-Objekt, PSYCHE Nr. 2 (1999) S. 137-157

Für sich alleine ist man nichts. Diese zweite Spiegelung beinhaltet Eitelkeit, sekundären Narzissmus und projektive Identitäten, während das Wort-Wirkende sich in dem vom Ich und anderen persönlichen psychischen Wesenheiten verfassten Sprechen äußert. Er kann Über-Ich-Formen annehmen, Zeuge der Wahrheit sein, innerer Gesprächspartner und Idealisierungen des Ichs (Freud Ideal-Ich und Ich-ideal). Es handelt sich speziell um diese zweite Spiegelungsphase, die in der klassischen analytischen Psychotherapie die Hauptrolle spielt.

Doch die erste Spiegelung, die reine Körper-Eigen-Spiegelung der ersten Phase, die sich im Zentrum des menschlichen Wesens (meist im Gehirn) abspielt und die in der Forschung bis heute immer noch zu wenig berücksichtigt worden ist, ist viel wichtiger. Freud hatte sie als primären Narzissmus gekennzeichnet. Das kleine Kind, so sagt Freud, nimmt sich noch selbst in primitiver Weise zum Liebesobjekt, bevor es lernt Bezugspersonen zu lieben. An anderer Stelle schreibt er, dass diese primäre Eigenliebe ein Gegengewicht gegen destruktive Tendenzen (Todestrieb) darstellt.

Der Evolutionsbiologe C. Wills hat diesbezüglich ein Modell entwickelt, das diese primäre Körperspiegelung als Beginn des Menschseins erklärt. Er sprach von dem mit sich selbst „durchgegangenen" oder „vorauseilenden Gehirn" im Rahmen der Menschheitsentwicklung.[53] Auf jeden Fall spielt es in der *Analytischen Psychokatharsis* ebenfalls eine wichtige Rolle, jedoch genauso wenig in einer regressiven Selbstliebe wie bei Freuds

---

[53] Wills, C., Das vorauseilende Gehirn, Fischer (1996) S. 20

primärem Narzissmus oder wie bei Wills in einem sich selbst „vorauseilenden Gehirn", sondern in einer progressiven Selbstsublimierung, wie ich es schon erwähnte. Bei Freud ist der Sublimierungsvorgang an den Eros-Lebenstrieb angelehnt, ich sehe ihn als einen Hauptbestsandteil des *Strahlt* an.

Bei Wills hätten die Vergrößerung, das komplexer Werden seines Gehirns, die vielschichtigere Gruppendynamik (zu der auch die längere Abhängigkeit von der Mutter gehört), aber vor allem die aufsteigenden Identitätsprobleme die Früh- bzw. noch Vormenschen zu Umorientierungen gezwungen, ja manchmal zum „Durchdrehen", zu Verhaltensumkehrungen und zum Verlust angeborener Instinkte, postulierte er. Man kann genauso gut sagen, dass es ihn zu mehr Sublimierungen geführt hat, und dass es weniger das Gehirn ist, als das Unbewusste, das zu Selbstspiegelungen im eigenen Körper gedrängt hat, zu spontanen ‚Visionen', zu einer von Luzidität und Erhellung erfülltem Raum, aber auch zu einem Erregungszustand, der – wieder etwas abgekühlt – die besagte, beruhigtere, konstantere Körper-Eigen-Spiegelung (ein erstes Lust-Ich wie Freud sagte) ermöglichte.

Der Philosoph P. Sloterdijk sprach in diesem Zusammenhang vom Schäumen, vom Überschäumen des Gehirns, was also auf dasselbe herauskommt.[54] Bildliche Eindrücke haben das dem Gehirn aufgelagerte Unbewusste des Menschen zum ‚Schäumen' gebracht, ja diese psychische Wucherung hat ihn eigentlich zum Men-

---

54 Sloterdijk, P., Sphären III, Schäume, Suhrkamp (2004)

schen gemacht. Er besaß jetzt ein Bild, ein – wie die Psychoanalytiker auch sagen – ‚imaginäres Objekt', ein allererstes, ein noch wenig bewusstes Ich. Das hatte schon S. Freud erkannt, als er sagte: „Das Ich ist vor allem ein körperliches, es ist nicht nur ein Oberflächenwesen, sondern selbst die Projektion einer Oberfläche".[55] Wirklich, ein Lust-Ich, das dem Es *Strahlt*, dem COO nahesteht.

Es handelt sich also um so etwas wie ein in seiner eigenen Dimension für einen bestimmten Moment verweilender und fast schon gefangener Spiegel-Blick, der wie aus dem Nichts auftaucht. Diese primärste Spiegelung, dieses Urbild des Ichs ist selbst also nur eine Projektion, etwas Imaginär-Reales, das die Psychoanalytiker daher wie gesagt auch ein ‚imaginäres Objekt' nennen. Es ist objekt- und doch auch bild- und blickhaft. In dieser frühen Spiegelung, die schon im Mutterleib und unmittelbar nach der Geburt noch eine Zeitlang weiter in Bezug auf den eigenen Körper stattfindet, sind auch bereits Anteile davon enthalten, ob das Kind mehr väterlichen oder mehr mütterlichen Genen entspricht und ob es männlich oder weiblich ist, was auch einen Aspekt zur heutigen Gender- und Transgender-Diskussionen beiträgt.

So fasst man in wissenschaftlicher Weise das Gehirn als eine auf der Schädelbasis aufsitzende Halbkugel auf, d. h. also als eine konkave, innen reflektierende Nervenzellschicht, die vom Körper und anderen Gehirnschichten kommende Strahlen im Zentrum der Halbkugel

---

[55] Freud, S., GW XIII, S. 237 - 289

punktuell hin- und zurück-spiegelt (siehe Abbildung oben). Es handelt sich um den Subjekt- und Spiegelungspunkt von Bildern. Erregungen und Blicken, die zu diesem Punkt hin- und wegstrahlen, ohne den physiologischen Sehvorgang direkt zu betreffen. Es ist der Punkt der Schaulust, das Es *Strahlt*.[56] Wichtig ist, dass es sich um eine reine körperhafte, eigene Spiegelung des Einzelnen handelt, die isoliert in jedem Einzelnen auftritt und – sozusagen im luftleeren Raum – in der puren Oberflächenprojektion den Kern der ersten Ichs bildet.

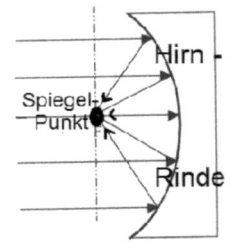

Dieses ‚Organ‘, das ja auch von der Libido angetrieben wird, kann sich wie eine Wolke über alle körperlichen Strukturen legen, sie umhüllend oder gar durchdringend beeinflussen. Lacan sprach diesbezüglich von der „hommelette“, also von ‚homme‘, Mensch, geformt wie eine überall hin kriechende ‚omelette‘. Damit lässt sich ein klarer Zusammenhang zwischen Psyche und Gehirn darstellen. Denn solange der Konnex-Kontext, die ‚hommelette‘, einen festeren Bezug zu einem psychischen ‚Objekt‘ eingeht, geht es nur um übliche Genießen, also das, durch Φ symbolisiert werden kann. Erst wenn keine Fixierung mehr vorliegt,

---

[56] Psychoanalytisch geht es um den Anteil des Blicks, der wegen seiner libidinösen Belegung im Vorgang des Schauens weitgehend ausgeblendet ist und so im Körperspiegelungsgeschehen als einer der von Lacan klein a genannten psychischen Objekte verbleibt.

handelt es sich um das autochthone Genießen der ‚jouissance'. Erst dann ist das Körperbild (*Strahlt*) mit dem *Spricht* in Einklang.

Ich versuche dies gerne auch mit dem Wesen des ‚luziden Traums' zu erklären, in dem man sich in der totalen Spiegelwelt dieses Körperspiegels, im virtuellen Raum, befindet und gleichzeitig in der ‚jouissance' badet, dem autochthonen Genießen. Freuds Libido scheint in der autochthonen ‚jouissance' wie auch in diesem Traumzu-

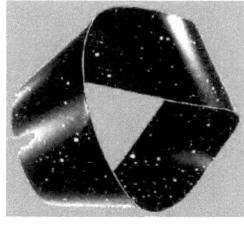

stand nämlich „desexualisiert" zu sein, aber visuell, virtuell, ist das Ganze im luziden Traum doch so erfahrbar, dass man es für real hält (real in seinem Genießen), und in gewisser Weise ist es dies auch. Lacan spricht vom ‚Imaginär-Realen', der rein topologischen Gestalt, von denen ich eine hier abbilde (den Sternhimmel als Möbiusband in der nebenstehenden Abbildung). Es ist eine einzige zusammenhängende Fläche, die dennoch stets zwei Seiten hat.

Und in genau dieser Weise verwickelt man sich auch immer, wenn man auf einer Seite im so wunderbaren, herrlichen, luziden Traum herumreist, und muss dann aufwachen oder stürzt wieder in den Schlaf hinein, wenn man ohne es zu merken auf der anderen Seite ankommt. Man kommt nämlich im luziden Traum letztlich immer zu einer Stelle, wo man völlig irrational wird, was ja auch im Wachzustand möglich ist, wenn man etwas Paranoisches denkt. Der luzide Träumer merkt nicht, dass ein gesunder Schlafwunsch ihn zu Morpheus zurückführt, wenn das Traumgewebe zu unsinnig und irrelevant wird.

Für die reine Körperspiegelung muss man sich das Geschehen im Sinne der Einstein'schen Geometrie (Topologie) denken, in der eben die unendliche Gerade wieder ins Endliche zurückkommt und dadurch dem Kreis äquivalent ist. Der Kreis aber ist eine Frühform des imaginären *Signifikanten* und dies nicht nur, weil man ihn sich als Ring an den Finger steckt oder als Kette um den Hals legt. Auch die Mond- und Sonnescheibe und viele andere Ringformen gehören zu dem von der Natur gelieferten *Signifikanten*, die In-Sich-Geschlossenes, Verbindendes symbolisieren, also den Übergang vom Imaginären zum Sprachlichen, der Beginn einer sich festigenden Ordnung. Ich habe dies alles bereits bei der Schilderung der signifikanten *Kraftlinien,* der Ordnung des Imaginären, erwähnt.

Ganz in diesem Sinne dienen auch die geometrisch-topologischen Gestaltungen Lacans, die den Bezug zur Seele ganz ohne Romantik und Schwärmerei herstellen können, wenn auch nicht so direkt und anschaulich wie die Steinblöcke. Aber immerhin führen von der Horizontalen (der Patient liegt auf der Couch) zur Vertikalen der durch die Topologie gestützten analytischen Deutungen. Lacan benutzte dazu gerne das Bild der Kreuzhaube, die ideal Waagrechte und Senkrechte als Ort von Begehren und Anspruch verbindet. Umgekehrt in der *Analytischen Psychokatharsis,* hier sitzt der Übende in bequemer, aufgerichteter Position und meditiert durch die aus Erinnerungen und aktuellen Erfahrungen stammenden horizontalen Einfällen hindurch, bis eine gelungene, gute, Kombination der beiden Strebungen gefunden ist.

5. Der Schönheitsfleck

Ich wiederhole Freuds Satz, das Ich sei nur die Projektion einer Oberfläche, nur ein Fleck im Gesamtbild des Menschen. Es ist so etwas wie ein Schönheitsfleck, der ja die Fülle der menschlichen Ästhetik stört, im Endeffekt aber das eigentlich Reizvolle ausmacht. Ein ‚grain de beauté, ein Muttermal, ist ein Fleck, der nur verdeckt und entstellt den Blick des *Anderen* zeigt, der blendend oder entsetzlich wäre. Denn Lacans *Anderer,* kurz groß **A**, ist nicht nur der unbewusste Gesprächspartner, er kann auch ein Monster sein, da er kastriert bzw. geblockt ist in seinen ihm zustehenden libidinösen aber auch aggressiven Regungen und so negativ auffällt. „Es gibt einen Mangel im *Anderen* (**A** daher quergestrichen), und das, was ihm fehlt, ist ein *Signifikant.* Gott (wenn man ihn als den großen *Anderen* verstehen will) fehlt eine Erklärung für das Böse in der Welt."[57] So ist er nicht signifikant genug.

Das eigene Begehren des Kindes wird von Anfang an mit Versagungen konfrontiert: stets kommt es zu einem scheinbaren ‚Dagegen', einem ‚Nein', das als Ur-Verdrängung wirkt und somit die Negation des *Anderen* ins Leben einführt. Das ist eine bedeutende Geschichte, denn nicht nur anfänglich, auch später im Leben wird uns das/der *Andere* negativ vorkommen, werden wir mit dem *Anderen* in negative Beziehung treten. „Die Negativität des Anderen weicht heute der Positivität des

---

[57] Lacan-entziffern.de, Die Ungerechtigkeit Gottes.

Gleichen", schreibt der Philosoph Byung Chul-Han.[58]
„Die Gewalt des Gleichen ist aufgrund ihrer Positivität
unsichtbar", schreibt er weiterhin, so dass ihre Wucherung zur Destruktivität wird, d. h. also letztlich, dass wir
lernen müssen, diese Negativität, diese Ur-Verdrängung
zu akzeptieren. Der Schönheitsfleck mildert das alles
ab.

Die Freud'sche Ur-Verdrängung ist wie das gespaltene
Wesen des Doppelagenten oder die Vertikale der Steinblöcke eine Art Schibboleth, ein Markenzeichen des
nicht ausreichend *Signifikanten*. Die Ur-Verdrängung ist
eine erste Verdrängung, sie ist auch charakterisiert
durch eine grundlegende psychische Gegensätzlichkeit
oder psychische Fixierung auf ein inneres ‚Objekt'.
Lacan drückt sich wieder elegisch aus, für ihn ist die
Ur-Verdrängung ein erster *Signifikant*, der unbegrenzte
und überwältigende Anspruch des Ur-*Anderen* (ich
übersetze: des Widerhalls all dessen, was Menschen je
gesagt haben, das Echo der Kultur als solcher). Doch
zusätzlich – so glaube ich – resultiert die Ur-Verdrängung auch aus der Abspaltung und Verleugnung, des
COO, der primären Körper-Eigen-Spiegelung.

Deswegen steckt eine erste Negation, ein Nein, ein
grundlegender Mangel hinter diesem Ur-Bild-Wort-
Wirkendem, das Lacan ohnehin als Negativ-Ursache für
alles Dasein propagiert. Nicht weil etwas da ist, sondern
etwas absolut mangelt, kommen die Kräfte ins Spiel.
Und deswegen ist es so wichtig, das ‚vertikale Ich' aus

---

[58] Byung Chul-Han, 'Die Austreibung des Anderen', Fischer
(2016)

diesem Doppel des Bild-Wort-Wirkenden in einem auf-
zubauen, um es so zu einer Einheit zu bringen, die man
selbst ist, horizontal und vertikal. Der Beginn ist der
Mangel, die minus Eins, und das *Strahlt* und das *Spricht*
füllen diese Lücke im schlechtesten Fall nur katastro-
phisch aus, nur wenn sie positiv, also wenigstes auf der
Position der Null kombiniert sind, kann man mit ihnen
rechnen.

Die Doppelagentin verleugnet diesen Mangel, denn
wenn sie wirklich deutliche Erfolge haben will, muss sie
ein enorm hohes Risiko eingehen, enttarnt zu werden.
Sie kann die Vertikale ihres Ichs, das sie anfänglich kor-
rekt aus dieser Dopplung aufgebaut hat, nicht halten.[59]
Aber sie hat es nur aus ‚falsch' und ‚richtig' aufgebaut,
als Triumph und Gegentriumph, als Glotzen und Ge-
genglotzen, wie man es jetzt zu Genüge von den Smart-
phones kennt. Es steckte allerdings schon im Allerwelts-
foto und in der Netflixserie. Bilder, die dahinrasen und
keine Blicke mehr sind, die verweilen können, und so
wird die Doppelagentin enttarnt, weil sie – außer Dop-
pelbildern – nichts mehr sieht.

Das Gleiche zeigt sich bei den Steinblöcken, die in ihrer Imposanz verbergen, dass sie eigentlich weiterhin
nur Steinblöcke sind, die ihr Leben der ausgeblendeten
Triebkraft der gleichen Vertikalen verdanken, die auch
in der Ur-Verdrängung abgespalten worden ist. „Der
Stein lastet und bekundet seine Schwere. Aber während
diese uns entgegenlastet, versagt sie sich zugleich jedem

---

[59] Ich setze das Bild-Wirkende als Kuba und das Wort-
Wirkende als Amerika in diese Dopplungs-Gleichung ein.

Eindringen in sie. Versuchen wir solches, indem wir den Fels zerschlagen, dann zeigt er in seinen Stücken doch nie ein Inneres und Geöffnetes",[60] schreibt der Philosoph M. Heidegger. Eben, er ist ein negativer Raum, der nicht einmal sich selbst zeigt, sondern nur sein Dahinter, das noch selbst hinter den Quanten der Physik liegt. „Die Schwere des Steins ist nichts Materielles, auch wenn sie ohne Materie nicht zu haben ist",[61] was demonstriert, wie schwierig es für die Philosophie ist, aus dem Dilemma von positivem und negativem Raum, von Sein und Nichtsein und all den anderen Paradoxien herauszukommen.

Auch Freud hätte sich leichter getan, wenn er statt dem, was er seine rundum bestimmende ‚Sexualtheorie' nannte, vom vertikalen Ich ausgegangen wäre. Ein Schönheitsfleck wäre dann allerdings dennoch geblieben, denn seine Praxis war meist zu umständlich, zu wortfixiert und langwierig, um diesem Vertikalen gerecht zu werden. Und auch Gott wird ihm also nicht ganz gerecht, denn er lässt sich damit nicht abspeisen, selbst wenn es bei diesem Fleck ja um etwas besonders Animierendes geht. Ich erinnere mich an eine Tanzstundenfreundin, die solch einen Mal mitten auf der Wange trug und die ich deswegen ‚Pünktchen' nannte, analog zu dem Kinderroman E. Kästners ‚Pünktchen und An-

---

[60] Heidegger, M., Prolegomena zur Geschichte des Zeitbegriffs, GW Bd. 20 (1925) S. 412
[61] Nunold, B., Her-vor-bringungen, Springer Fachmedien (2003)

ton'. Zweifellos war der Schönheitsfleck eine Attraktion.

Die Kunsthistorikerin und Literaturwissenschaftlerin Nora Abdel Rahman schreibt, dass für Lacan tatsächlich der Schönheitsfleck damit zu tun hat, dass „die Basis der Struktur des menschlichen Begehrens – sein Drama – in Form von einem Rest erscheint, den er Objekt a nennt.[62] Dieses Objekt ist abgetrennt oder sogar getilgt und erscheint daher nie am selben Ort wie das Begehren". Der Schönheitsfleck mildert das zu erotischaggressive Begehren tatsächlich ab. Er beschönigt es, bleibt aber dennoch ein lebenslanger Rest, ein Mahnmal. Er bleibt ein ‚Objekt' a und ist nicht das ‚Ding'.

Freud war nämlich der Auffassung, dass das eigentliche, urwüchsige, noch stark vom Animalischen getragene menschliche, primäre Begehren auch Formen wie Inzest und Kannibalismus beherbergt, also aggressiv orale und aggressiv phallische Objekte. Und da braucht es dann wirklich meist sogar mehr als einen korrigierenden Schönheitsfleck, also irgendein Lustobjekt a, das mal nur der Gaumenkitzel oder die Sucht nach Geld und Gold sein kann. Es gibt hunderte solcher a, die – laut Lacan – auch dann wuchern, wenn der groß zu schreibende und eben bedeutende L'Autre, der/das *Andere*, in

---

[62] www.nachdemfilm.de/issues/text/im-toten-winkel-der-kamera. Damit beschreibt die Autorin das kleine a, das – wie noch zu zeigen ist – oben in der Mitte des Borromäischen Knotens als Lacans Begriffs des Begehrens an sich zu sehen ist.

einem selbst interveniert und ein gewisses Gegengewicht darstellt.

Der/das *Andere* beinhaltet die verinnerlichten Eltern,
Lehrer, Analytiker, die als solche im Unbewussten wie
ein Gemisch aus den erwähnten drei Bereichen (symbolisch, imaginär, real) agieren, indem sie im Traum, in
den Freud'schen Fehlleistungen, Versprechern oder Zu-
fällen sich zeigen und sprechen. Und so beinhaltet er
auch „den *Anderen* des Liebespaares, der sexuellen
Partner,[63] wie ich es schon zitiert habe, denn auch den
haben die Eltern und die Kulturmachenden bereits
längst in einem hinterlassen. Die Neandertaler haben die
Ehe noch nicht gekannt, ihr Anderer konnte das erwähnte Monster, aber auch die Waldfee sein, beide aus den
unsteten Strukturen der Natur gemacht, und so kann
man rätseln, ob es besser war damals zu leben oder heute.

„Als Struktur lässt sich das", so Lacan, „am ehesten auf
der Ebene des Auges nachvollziehen". Das Phantasma
greift dort als visuelles Phänomen. Seine Struktur be-
friedigt laut Lacan, die Funktion des Begehrens am
meisten. Doch steht diesem wunschhaften Verlangen
der Raum entgegen, der zu positiv besetzte Raum, der
das Verhältnis zum Körper nicht so gut herstellt wie
seine negative Variante. „Die Funktion des [normal-
positiven] Raumes geht aus dem Körper hervor, und der
Raum erscheint dem Auge homogen. Nichts in ihm ist
dem Anschein nach abgetrennt. Vielmehr widersetzt
sich der stets als vertraut wahrgenommene Raum dem

---

[63] Lacan, J., Seminaire XIX, Edition Seuil (2011) S. 112.

Schnitt oder der Spaltung. Raum- und Körperwahrnehmung können daher nicht den Rest oder das Objekt a spiegeln".

Und weiter: „Im Schönheitsfleck (grain de beauté) hingegen flackert jener Rest auf. Der Fleck unterbricht die räumliche Homogenität, indem er die visuelle Einheit stört. Die menschliche Reaktion auf diese Störung ist die Angst. Angst davor, ‚jedes Lebewesen stets nur als das zu erfassen, erfassen zu können, was es im reinen Feld des visuellen Signals ist': Dummy, Puppe, Erscheinung oder Täuschung".[64] Es mischt sich in diesem Schönheitsfleck die Bild- und die Wort-Logik hinein, was auf den negativen Raum hinweist. Während das Bild- oder Spiegelungs-Wirkende auf einer Identifikation mit dem Wesen des Ähnlichen beruht, und das Negativ des Raums sozusagen umgeht, stellt das Wort-Wirkende den Versuch dar, auch ohne Auge und Raum eine Aussage unbedingt zuverlässig, exakt den Sinn vermittelnd, phonemgetreu von einem zum anderen herüber zu bringen. Doch so wie der Blick als Objekt a, als Blickbegehren, Schaulust, im Tiefenraum abgetrennt, unbewusst, erscheint, so ist auch die Objekt-a-Stimme nur wie abgetrennt von ihrem Träger zu hören. Sie wirkt phonemgetreu, ist aber nicht wahr.

Die Isolation von Blick und Stimme kann man auch gut anhand der Hypnose verstehen, die Freud ja anfänglich therapeutisch nutzte. So hält der Therapeut anfangs einen glitzernden Gegenstand vor die Augen des Probanden und dieser hört sodann in der Versenkung nur des-

---

[64] Lacan, Jacques: Die Angst. Sitzung XIX (22.5.1963).

sen Stimme. Im Nachbild des Glitzerns tauchen Bilder auf, die der Therapeut mit Hinweisen versieht, um unbewusste Erinnerungen herauf zu fördern. Doch auch nach der Rückkehr zum Wachzustand bleiben die in der Hypnose gesehenen Erinnerungen abgespaltene Blicke und die Stimme des Therapeuten unbedeutend. Wie bei den Primärvölkern, die die von ihnen gemachten Fotographien und Tonaufzeichnungen als gestohlene Blicke und Stimmen zurückwiesen, als man sie damit testete, führt die Hypnose nicht zum endgültigen Therapieerfolg. Der Blick wird zum Selbstglitzer, die Stimme zum treulosen Echo.

Die frühen Propheten konnten nicht ganz unberechtigt sagen, dass sie Gott gesehen haben: als reinen Glanz, blendendes Licht-Antlitz, dessen Blick also abgetrennt war, so dass man ihn niemals als sichtbares Gesicht und Gestalt wahrnehmen konnte. Trotzdem ist dieser Glanz voll von Blick, weil der Schatten, die Negativität der Trennung, ihn erst wirklich zur Offenbarung macht. Es geht um „eine besondere Erfahrung des Antlitzes, . . die heute im Zeitalter von *facebook* nicht mehr möglich ist. Das *Face*, das sich ausstellt und um Aufmerksamkeit buhlt, ist kein Antlitz. Ihm wohnt kein Blick inne".[65] Und so ist man heute, obwohl man in der Großstadt von tausenden von Blicken gescannt wird, eigentlich unsichtbar. Höchste Zeit, dass das Unsichtbare des Blicks durch das ‚vertikale Ich' wieder sichtbar und leuchtend wird.

---

[65] Byung-Chul Han, Im Schwarm, Matthes & Seitz (2017)

Er wird sichtbar und leuchtend, wenn man lange genug meditiert. Denn es ist ja nicht unbekannt, dass der *Strahlt*punkt des Unbewussten sich auftut, wenn man lange ins Dunkel, ins Nichts hinein, gewartet hat. Für die *Analytische Psychokatharsis* werde ich noch als letztliches Ziel der Aufmerksamkeit, als endgültiges Reales des imaginären *Signifikanten* nicht das Antlitz eines Gottes vermitteln, sondern die Heraldik, die Monstranz, das Es *Strahlt* der durch die Übungen gelungenen Kombination der beiden Grundkräfte, also der Kombination mit dem *Spricht*, das durch die *Pass-Worte* vermittelt wird. Das ist kein Glaubensvorgang mehr, sondern ein wissenschaftlicher Vorgang.

Ein Beispiel aus dem Verfahren der *Analytischen Psychokatharsis*. Eine Probandin, die das Verfahren schon seit einem Jahr nutzte, machte in der ersten Übung (achten auf das *Strahlt*) die Erfahrung vor sich im Dunkel ein dem Sternenhimmel verwandtes Bild zu sehen, *Strahlt*-Punkte also. Eine derartige Erfahrung ist nicht selten, da in dieser Übung oft der Kopf freier wird, der innere Raum sich erweitert und bereits dies das Gefühl eines Blicks in den Nachthimmel suggeriert. Wechselnd in die zweite Übung hörte sie sich denken: ‚Bin im Wechsel von hier nach hier‘. Das mit dem Wechsel war einfach zu verstehen, sie war tatsächlich ‚im Wechsel‘ wie man es immer schon geheißen hat. Aber ‚von hier nach hier‘?

Dass man von hier nach dort wechselt, lässt sich bei vielen Gelegenheiten sagen. Aber ‚von hier nach hier‘ klingt wie nach dem trotzigen Versuch, nicht von der

Stelle weichen zu wollen. So sah sie es auch und war sich sehr schnell klar, dass es sich auf ihre Ehe bezog. Die wollte sie nämlich schon lange beenden, und trotz tiefer Risse in der Beziehung schaffte sie es nicht, eine bekanntlich nicht seltenes Geschehen. Doch genau dieser Spruch, der ihr ihre Situation in knappster Form vor Augen hielt, half ihr den längst fälligen Schritt zur Trennung zu tun. Es war, sagte sie, einerseits wie eine Mahnung, wie ein Weckruf, der aus dem Off des Sternenhimmels in ihr selbst (was besondere Wirkung hat) kam, aber auch der Charakter des Formelartigen, dieses zweimal ‚hier‘, das ihr den Anstoß zum Wechsel ihrer Verhältnisse gab.

So wie das Antlitz Gottes nicht gesehen werden konnte, so konnte auch die Stimme Gottes nicht jedermann hören, ebenso wie von ihm abgetrennt konnte sie nur von den Propheten verkündet werden. Und so war dieser Sternenglanz und die Gedankenstimme wie abgetrennt und doch nur für die Probandin bestimmt. So unterbrechen auch die kleinen Kinder ihren Einschlafmonolog, ihr Einschlafgeplapper sofort, wenn eine andere Person (eine andere Stimme) ins Zimmer kommt, auch wenn die Stimme dieser Person dann gar nichts sagt. Aber ihr Echo ist wie abgetrennt im Raum und ihr Blick schimmert wie unsichtbar im Dunkel. Zwischen ihrem Monolog und der unhörbaren Stimme des *Anderen* öffnet sich für das Kind allerdings kein *Pass-Wort*.

Ein solches kann man auch den Propheten nicht entnehmen, denn ihr mystisches Hören ist zu sehr von konventionell-religiösen Stimmen ihrer Priester und Theologen vereinnahmt. Aber für die Probandin hatte es den typischen *Strahlt / Spricht* Charakter und für die Kinder spielt sich in ihnen etwas Ähnliches ab. Blick und Stimme, Auge und Ohr, das Bild-Wirkende und das Wort-Wirkende, geistern durchs Universum und die Welt als seien sie Urkräfte, Prinzipien, Freud'sche Triebe. Ich nenne sie den Lacanschen zwei Grundtrieben folgend wie bereits erwähnt ein Es *Strahlt* (Schautrieb) und, ein Es *Spricht* (Sprechtrieb), und Lacan nennt sie also *Signifikanten*, Zeichen- und Bedeutungs-Wirkendes (imaginäre und symbolische *Signifikanten*). Nun besteht das große Problem darin, diese beiden *Signifikanten* zusammen zu bringen, denn als isolierte, autonome Kräfte, sind sie laut Freud zwar „legiert", also irgendwie verbunden und trotzdem völlig eigenständig, aber in den meisten dieser Legierungen kaum brauchbar.

Dies war besonders krass, als Freud von den beiden Grundkräften noch als Eros-Lebens- und Aggressions-Todestrieb sprach, denn so hatte diese Legierung die Form von etwas Sado-Masochistischem. Und ja, in gewisser Weise entpuppten sich im Licht der Psychoanalyse die hehren Ideale vieler Staatenlenker als Lustmorde am eigenen oder anderen Völkern. Der Liebe manches Mannes fiel in sadistischer Weise die Frau zum Opfer, und der religiösen Verzückung zahlreicher masochistischer Gläubigen folgte die Ausrottung Ungläubiger. Erotischer Wahn, extreme Eifersucht, Raub- und Geldgier, etc., alle führen sie zu Tötungsdelikten, schweren Depressionen und Endzeitsituationen, und nicht zu dem, was sie vorgeben zu sein: berechtigte Absichten und Gefühle. Doch letztlich hat sich die Konzeption des Todestriebs nicht halten lassen.

Aggressivität ist eine Folge frühester Identifizierungen, wo man sich in irgendetwas oder wie Freud sagte in „einem einzigen Zug" eines Objekts wie identisch gespiegelt sieht und andere Aspekte unbewusst von sich abspaltet.[66] von wo sie dann wie böse Dämonen wiederkehren. Somit kommt das aktiv Aggressive hauptsächlich vom imaginären *Signifikanten* her, vom Es *Strahlt*, vom Bild-Wirkenden, das in der klassischen Psychoanalyse nur schwer anzugehen ist. Es muss in der herkömmlichen Psychoanalyse in hunderten von Sitzungen, also ebenfalls im schwer Anzugehenden beredet und betan werden, was umständlich und mühevoll ist. Es kommt nicht zur vertikalen Identität, die, wie oben erörtert, mit der Liebe zum und vom Ur-Anderen zusammenhängt, um in der Diagonale gereift, heil, ‚Ding'-würdig, auslaufen zu können.

Ergänzend will ich noch anmerken, dass A. Ferrari, den ich bereits mit seinem COO zitierte, und der ja damit diese erste, selbstische Körpereigenspiegelung meint, die sekundäre Selbst-im-Andern-Spiegelung als die definitive „horizontale Beziehung" auffasst, weil sie sich ja im Außen der sozialen, emotionalen, geschäftlichen Verhältnisse reflektiert. Demgegenüber wird von ihm das ‚konkrete Ursprungsobjekt' der primären Körper-Eigen-Spiegelung als die „vertikale Beziehung" bezeichnet. Wir sind das nach außen gerichtete horizontale Ich gewohnt, das vertikale Ich haben wir abgespalten,

---

[66] Das ist die dritte Art der Freud'schen Identifizierungen.

vergessen, obwohl es doch so wichtig wäre. Dem vertikalen Ich habe ich daher dieses Buch gewidmet.

Schon der Philosoph P. Sloterdijk hat sich mit diesem Persönlichkeitsaufbau beschäftigt, er verwendet nur die Begriffe etwas anders, als ich es bisher geschildert habe. So macht er sich lustig, wenn es um dasjenige Körperbild oder Körperschema, geht, das er die sogenannte ‚Vertikalspannung' nennt und das wohl mit dem 'vertikalen Beziehungsschema' zu tun hat, von dem A. Ferrari spricht.[67] Das ‚Oben', das ‚Höher' und ‚Über' − nicht nur das der Körpergefühle, sondern auch das der Religionen und Philosophien, wohl auch das seiner eigenen − regt ihn zu spöttischen Bemerkungen an. Jakobs Himmelsleiter aber auch die ‚Tiefenpsychologie' situieren sich in einer Vertikalen, für die es nach Sloterdijks Auffassung eigentlich keine klare Begründung gibt. Alle Versuche dieser Vertikalspannung Form zu geben, enden stets nur in Akrobatik, in ständig neuen Übungsmethoden und ‚Anthropotechniken', denen ein rätselhafter ‚Gipfeldrang' zu Grunde liegt, schreibt er.

Sloterdijk bezeichnet die ‚Vertikalspannung' als die ‚intellektuelle Entsprechung' der Horizontalen, doch das ist eine typisch philosophische Auffassung. Er kann sich die Ich-Bildung nicht als eine wichtige Körperspiegelung vorstellen, wie sie ja von vielen psychoanalytischen Autoren inzwischen beschrieben wird,[68] sondern

---

[67] Sloterdijk, P., Du musst dein Leben ändern, Suhrkamp Verlag (2009)
[68] Ich beziehe mich hier auf zahlreiche psychoanalytische, körperspiegeltheoretische Autoren wie A. Ferrari, D. Birk-

sieht sie nur in hochgeschraubten Gedanken. Offensichtlich liegt Sloterdijks Begriff der Spannung der Vertikalen jedoch genau dieses ‚konkrete Ursprungsobjekt‘ (COO) zugrunde, aber er weiß damit nichts anzufangen. Ihm fehlt der medizinische und vor allem der psychoanalytische Hintergrund.

Dabei schreibt der Philosoph selbst in einem anderen Buch von der ‚distanzierenden Selbsteinschließung‘, bzw. vom ‚Selbst-Isolationseffekt‘ der Hominiden Gruppen auf der Welt, als diese sich zum homo sapiens entwickelten und – in sich gekehrt – sich erst seinen inneren Aufbau zuwendeten.[69] Diese nach Innenwendung, dieser Rückzug in die Vertikale, weist doch deutlich auf die primäre Eigen-Körperspiegelung hin. Aber der Philosoph versteht ihre Wichtigkeit nicht, da er sie bei den Frühmenschen und den Hominiden erkannt hat, die er für minderwertig hält, und weil ihm grundsätzlich nichts zum ‚vertikalen Ich‘ einfällt.

Weil die Hominiden, aber auch die Frühmenschen, sich in sich selbst zurückziehen mussten, sind sie erst zum Menschen geworden, sagt Sloterdijk sozusagen als Ergänzung zu seiner These vom „Schäumen des Gehirns“,

---

stedt-Breen, T. Ogden. R. Lombardi, R. Carvalho, A. Lemma und andere, die zwar nicht alle ausdrücklich vom ‚vertikalen Ich‘ sprechen. Das Buch ‚Der Körper spricht‘ der letztgenannten Autorin gibt jedoch einen guten Überblick über diese Theorie einer primären Eigenkörperspiegelung als Form der Ich-Entwicklung, die sich fast ganz unabhängig vom äußeren Einflüssen in den frühesten Lebensphasen bildet.
[69] Sloterdijk, P., Sphären III, Suhrkamp (2004) S. 359

die ich oben erwähnte. Selbsteinschließung, Zurückziehung, meint also speziell solche ins körperschematisch Vertikale, denn wohin sollte man sich sonst selbsteinschließen und zurückziehen können? Es wäre jetzt ein Leichtes auch auf die alten abendländischen Mystiker, aber auch auf den Yoga, auf den Zen-Buddhismus und

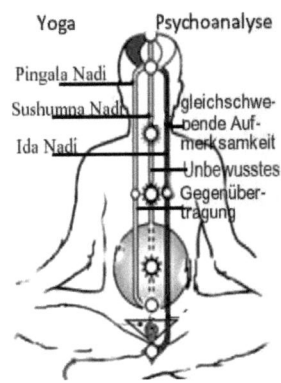

all die Verfahren hinzuweisen, wo ebenfalls die Vertikale so betont wird. Genau diese Funktion hat im Yoga beispielsweise die Sushumna, in der sich der ‚Haupt-Energiefluss‘ in der Mitte vertikal bewegt (siehe Abb. nebenan, wo ich auch gleichzeitig einen Vergleich zur Psychoanalyse gezogen habe).

Noch besser lässt sich das ‚vertikale Ich‘ an Hand einer Zeichnung darstellen, die nicht en face wie die nebenstehende Abbildung, sondern geeigneter und auch sachlich richtiger eine seitliche Darstellung bevorzugt. Die horizontale Ausrichtung des Blicks ist durch die schwarze Linie gekennzeichnet, die von vorne, vom Auge, bis nach hinten zum Sehzentrum im Hinterhaupt verläuft und wo man von einem Mittelpunkt etwa in der Region der corpora geniculata sprechen kann (schwarzer Punkt).

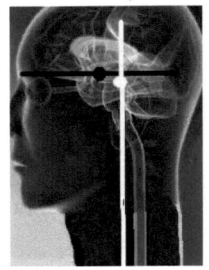

Die weiße Linie soll das vertikale Ich andeuten, das ein Zentrum im hypothalamischen Bereich hat, wo bereits in der Abbildung auf Seite 77 der ‚Spiegel-*Strahlt*-Punkt' eingezeichnet war (hier jetzt weißer Punkt). Anatomisch-physiologisch muss die Darstellung nicht exakt sein, denn wesentlich ist nur, dass das als vertikales Ich bezeichnete ein bisschen hinter und tiefer, mehr in der Nähe des ‚Spiegel-*Strahlt*-Punktes liegt und nicht nach außen gewendet ist, sondern in sich, in der Körpervertikalen, verbleibt. So sagt man ja auch, dass man sich in der Meditation zurückziehen muss, also nach innen hinten, und zwar dorthin, wo das basale, neuronale Körperbild in einem ruht. Dieser Vorgang erinnert an die Aussage des Begründers des 'autogenen Trainings', I. H. Schulz, dass am Ende seines Verfahrens die "vegetative Umschaltung" stehen sollte, psychisch-nervliche Umschaltung zurück auf die Primärform des Ichs, die vertikal ist.

„Das Subjekt", so noch einmal Lacan, „ist gespalten in zwei Formen des Sehens, in das Sehen, das auf dem Auge, dem Sehsystem, beruht (oberes Dreieck in der Abb. a), und das Sehen, das sich auf den Blick gründet (unteres Dreieck Abb. a). In einem zweiten Konstruktionsschritt werden die beiden Dreiecke übereinandergelegt, um zu zeigen, (Ergebnis in Abb. b nächste Seite)."[70] Beim Menschen ist das Sehen also nicht allein durch den Au-

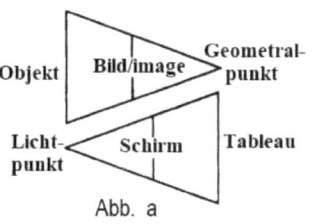

Abb. a

[70] Nemitz, R., Das Schema von Auge und Blick, in Lacan-entziffern.de

gen-Seh-Apparat geregelt (schwarze Linie und Punkt in Abb. S. 74). Es wird auch noch durch einen ganz eigenen Punkt gesteuert, dem Licht-Punkt, dem *Strahlt* (weiße Linie und Punkt in Abb. S. 74, der im Zentrum des durch den Konkavspiegel des Gehirns gebildeten Ort liegt, wie in der Abb, S. 77 gezeigt), und der genau entsprechend der Rolle des Objekts beim geometralen Sehen dem nunmehr nicht zu fassenden, verdrängten, weggespalteten Bild (Tableau) des ursprünglichen Traumas, also einer bildhaften Leerstelle korreliert. Dieses Antibild, bei dem Freud auch von der ‚Urszene‘ sprach (die erschreckende Szene beim Blick ins elterliche Schlafzimmer), dieser erregende Schatten, kann nur durch Abmilderung, Abschirmung (in der Mitte der Abb. a unter auch als Schirm bezeichnet) wahrgenommen werden, so dass die grellen Strahlen aus dem Lichtpunkt nicht alles direkt beleuchten können.

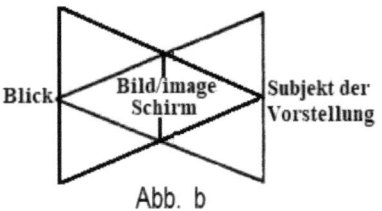

Abb. b

Sowohl die Schau wie auch deren Abmilderung besorgt das ‚vertikale Ich‘. Der Schirm wirkt wie ein leichter Schleier oder eine Folie. Und so betrachten wir das Bild eines Malers nur unter dem Aspekt der beiden übereinander gelegten Dreiecke. Der Maler versteht uns etwas unter dem Schirm hervorzulocken und unserem Auge etwas zu sehen zu geben, das Objekt auf der Leinwand, auf dem etwas unserem im Licht-, *Strahlt*-Punkt funkelnden Begehren, der Blicklust, entspricht und doch unseren Blick gleichzeitig zähmt, so dass er sich nicht völlig im Tableau verströmt. Er nutzt dazu das Auge und – nur in unterschiedlichem oder ganz geringem Maße – sein zentralperspektivisches Sehen. In der expressionistischen und weiter moderneren Malerei allerdings provoziert er uns. Er verlässt zunehmend die Perspektive und setzt uns dem Tableau aus. Im Extremfall nähert er sich der Horrorvision oder dem pornographischen Bild. Im gleichen Sinne haben Esoteriker wie etwa die Anthroposophen vom Blick- bzw. *Strahlt*-Punkt als einem „Licht- oder Astral-Körper" gesprochen. So wird noch deutlicher, dass hier – wie auch im Traum - das Psychotische hereinspielt, also nicht nur das Irrationale, sondern auch das Irreale. Man muss also auch das Feld der symbolischen Ordnung der Sprache, der Mathematik, und der in der Psychoanalyse so wichtigen sprachorientierten *Signifikanten* (das Wort-Wirkende) mit heranziehen, von denen das menschliche Subjekt genauso stark bestimmt ist.

Schließlich spreche ich schon die ganze Zeit und male nicht. Ich zeige nicht, sondern souffliere. Doch die Sprache allein wiederum, wie sie z. B. die Psychoanalyse dominiert, verursacht genauso einen Mangel, eine Ungenauigkeit, eine Kluft, eine Verwirrung wie die sich kreuzenden Linien beim Sehen. Man ‚sieht‘ mit dem Sprechen nicht so scharf und präzise, während gerade zu hören war, wie sehr das Bild, der Blick, das Tableau zwar scharfe Eindrucke vermittelt, aber nicht die Wahrheit sagen kann, weshalb es sich im Schirm/Image ein bisschen verstecken muss.

Das schließlich in der Mitte der Abbildung b stehende Gebilde aus Schirm/Image vermittelt einen Kompromiss, nämlich ein Sehen durch einen leichten Schleier, durch eine kaum wahrnehmbare Maske, aber es tönt aus seiner Mitte genauso wenig definitiv heraus: „Ich bin das oder das!" Es ist nur die Freud'sche „Vorstellungsrepräsentanz" des *Strahlt*. Die des *Spricht* muss auf eigenen Wegen kommen und erklärt werden und noch mehr muss geschildert werden, wie beide kombiniert sind. Denn mit tausenden von Bildern könnten wir unsere Identität nicht festigen, nicht endgültig präzisieren, wir brauchen ein klein wenig vom Symbolischen, vom Wort-Wirkenden dazu.

In der Malerei, wo ein Bild (image) auch durch den Schirm der Blickzähmung geschützt ist, könnte dies z. B. ein Titel sein, der wieder alles ein bisschen zurechtrückt. Vom Licht-, Glanz- Blickpunkt aus nimmt sich nämlich das menschliche Subjekt selbst vorwiegend autoerotisch und narzisstisch wahr, es spiegelt sich im Glanz eines ‚Lichtes', das nichts mit dem physikalischen Licht zu tun hat, sondern mit der Luzidität. Es wird aber auch vom Sprechtrieb her reguliert, der im Schirm mit seinen beschwichtigenden oder bedrohlichen Worten interveniert.

6. Die Senkrechte

Schon im Alten Testament wird eindrucksvoll von der Vertikalen berichtet. Es heißt dort, dass Jahwe vor den Israeliten am Tag in einer Wolkensäule und nachts in einer Feuersäule hergezogen sei.[71] Das ist wunderschön märchenhaft ausgedrückt, aber nach heutiger nicht nur psychologischer sondern wohl auch allgemein vernünftiger Auffassung handelt es sich hier um die Projektion der seelisch Vertikalen nach außen. Gestärkt durch den Glauben, aber noch weiter hochgepuscht durch Flucht und Vertreibung haben die Israeliten ihr COO, ihr vertikales *Strahlt / Spricht*, ihr Introjiziertes nicht anders halten können, als es als Projiziertes zu Realisieren (SIR, das erst in der späteren sprachlich ausformulierten Religion zum RSI wurde).

Wenn man der Lacanschen Erweiterung und Umformulierung des Freud'schen Konzeptes folgt und Schau- und Sprechtrieb, *Strahlt* und *Spricht* als primär setzt, kann man im „primären Narzissmus" genau diese Körper-Eigen-Spiegelung erkennen, die im frühen Kindesalter eben auch nach außen hin projiziert wird. In der Psychoanalyse wird diese Unbewusstheit bildlicher, imaginärer und auch im Erwachsenenalter noch ausgeprägt projizierter Art wie erwähnt nur wenig bearbeitet und bewusst gemacht, es sei denn, man bezieht sich auf die COO-Theoretiker, die ja den Schwerpunkt auf diese frühen und ganz primären Vorgänge legen. Man muss dann allerdings auch nicht einen Todestrieb vorausset-

---

[71] Moses 2, 13:21

zen, der, wie ich schon argumentierte, alles im grenzenlosen Pessimismus untergehen lässt.

Es ist auch nicht einzusehen, warum das Ganze überhaupt Narzissmus heißen soll, Selbst- oder Eigenliebe, wo es doch eigentlich nur um primärste Spiegelungen geht, um Eigenerkenntnis, Selbstenthüllung oder gar halbvisionäres Bild. Im Wort Narzissmus bekommt es so einen leicht pathologischen touch, während es sich am Ort der von Freud benannten „Vorstellungsrepräsentanz" manchmal bildhaft, visionsartig, kurz erfassen lässt. Die „Vorstellungsrepräsentanz" ist der Ort, der Moment, das Geschehen, in dem sich der Trieb im Psychischen repräsentiert. Der Schautrieb beispielsweise stammt aus den primären Wahrnehmungsvorgängen, ohne materiell oder psychisch zu sein, und wird signifikant, imaginär-real, an dieser von Freud so benannten Stelle.

Selbst wenn Freud hier sagt, dass das Kind sich zum Liebesobjekt und nicht – wie in seiner Theorie üblich – zum Sexualobjekt nimmt, geht es doch eher um ein Objekt der Freude, das Glanzes, des Glücklichseins, der Kurzvision – warum nicht? Der Prinz Narziss verliebt sich nicht, sondern erstrahlt in einem Schönheitswahn, in einem ‚Egoismus des Lichts', sein ganzes Gesicht wurde zum *Strahlt*-Spiegelungspunkt, zum Körper-Eigen-Spiegel im Subjektzentrum. Auch klingt das Wort verlieben zu sehr nach süßlich Komischen. Narziss hat keinen Hochglanzspiegel vor sich gehabt, sondern eine sich leicht kräuselnde Wasserfläche, da musste also noch ein gutes Maß an zusätzlicher, fast halluzinatorischer Eigen-Vision dazukommen, um wirklich etwas zu sehen.

Diese ursprüngliche Körper-Eigen-Spiegelung kann man nicht als eine Liebe ansehen, die unabhängig, unmittelbar wirkt, indem es sich um ein Es *Strahlt* (mit ganz wenig *Spricht*) im Sinne einer Selbstsublimation oder eines Begehrens zu lieben handelt, um ein primärstes innigliches Wahrnehmen, um das ‚Ding'. In dieser ursprünglichsten Form ist das Sehen Sein, die Perzeption real. Um diesen visionären Blick, den dortigen Glanz auszuhalten, muss man ihm, diesem *Strahlt*, dem imaginären *Signifikanten*, freilich etwas vom *Spricht*, vom verbalen *Signifikanten* gegenüberstellen, wie ich bereits mehrfach betont habe. Beide befinden sich von Anfang an im „undifferenzierten Ich-Es", wo sie noch nicht so fixiert und festgehalten werden können wie ein Liebesobjekt. Das Ganze hat vom Imaginären, vom *Strahlt* her fast psychotische Züge, doch das Wissen um seinen Status als Prinz, das Wort, das *Spricht*, die Identität ‚Prinz', hielt Narziss vor zu weiten Ausdehnungen seiner Vision zurück.

Diese Liebesmanie – um das Wort Liebe doch einmal aufzugreifen – zu sich selbst ist nicht narzisstisch, eher autoerotisch, sie hat mit dem ‚autochthonen Genießen' und dem ‚Ding' zu tun, auf das ich in Kapitel 9 nochmals eingehen werde. Manche Psychoanalytiker sprechen in diesem Zusammenhang auch vom ‚guten, konstanten Objekt', also einer inneren, positiv getönten seelischen Festigkeit, die ich mit der fassbaren, guten Kombination des *Strahlt / Spricht* vergleichen kann, auch wenn es ganz anders aussieht, nämlich nach Reife und Konstanz. Aber von der Vertikalität her gibt es etwas Vergleichbares. Beide sind oft wie oben erwähnt noch nicht voll gelungen „legiert", es mag ihnen so gesehen auch noch etwas Destruktives zukommen oder Aggressivität wecken, denn das Ich ist noch nicht vollkommen vertikal gestärkt, Freude und positive Gewissheit haben sich noch nicht als diejenige Weisheit etabliert, die Diagonale zum ‚Ding' hin ist noch nicht angelegt.

Denn die wäre es gewesen, die die Liebe zur Nymphe Echo zur Blüte, zur Höhe, Hoch-Zeit, Segnung, Beglückung und Seligkeit gebracht hätte. Die Selbstsublimierung, die das *Strahlt* also auf der Höhe des Glanzes hält, stellt auf jeden Fall einen Ausweg dar, eine sich festigende Vertikalität. Freud selbst hatte klar gemacht, dass die Sublimierung wohl hauptsächlich vom Eros-Lebens-Trieb bewegt, gefüllt und ausgestattet wird. Und so könnte man jetzt ergänzen: von dessen *Strahlt*, von dessen Bild-Wirkendem, von dessen – wie Lacan anmerkt – imaginärem *Signifikanten* des Mangels. Denn wenn dies im weiteren Leben – und dies kann schon in den ersten Tagen der Fall sein – nicht mehr reicht, kommt das *Spricht*, das Wort-Wirkende, der ‚Klang des Nichts', der andere, der verbale *Signifikant* des Mangels, mehr zur Geltung und hilft aus der Klemme.

Hinsichtlich dieses Klangs als eines Mangel-*Signifikanten* beziehe ich mich auf einen Artikel des Wissenschaftsredakteurs S. Schramm, den er mit der

Überschrift „Der Klang des Nichts" versah.[72] Er berichtete über Experimente eines Akustik-Technikers, in dessen absolut schalldichten und auch schallschluckenden Raum man schon nach kurzer Zeit alle möglichen Töne und Laute wahrnimmt oder zu hören vermeint. Mit anderen Worten: diese künstlich verstärkte extreme Stille fängt schon nach kurzer Zeit zu dröhnen an wie man oft sprichwörtlich sagt, aber auch hier ist nur die knappste Art, der ‚Laut' als solcher für mein Vorhaben bedeutsam, denn er ist ja schon immer von vornherein da, um den Mangel auszugleichen. Er repräsentiert ja den Entäußerungs- bzw. Sprech-Trieb in seiner primärsten Form.

Genau mit dem ‚Ton', ‚Laut', Klang offenbart sich das Sprech-Hör-System, das man im Alltag nicht wahrnimmt und das die Psychoanalytiker als den einen Teil des Unbewussten bezeichnen, eben das erwähnte Es Verlautet, *Es Spricht.* Für den Psychoanalytiker haben diese Phänomene in erster Linie nichts mit neurologischen Vorgängen im Gehirn zu tun. Sie treten vielmehr in einem als unbewusst bezeichneten eigenen Bereich eines primären Genießens körpernaher aber seelisch strukturierter Prozesse auf. Doch egal wie man dies jetzt exakt benennen will, der „Klang des Nichts" weist schon durch seine Worte auf die besondere Tiefe und Exklusivität dieses ‚Verlautens' hin. Hier klingt etwas oder jemand, hier *Spricht* Es, wenn es nur ein ‚Laut' ist. Es geht dabei nicht um ein mystisches Geschehen, son-

---

[72] Schramm, S., Der Klang des Nichts, SZ vom 7. 11. 2016, S. R7

dern um die Kraft des ‚Triebs', die zur Entäußerung drängt, weil jemand da ist, weil man nicht allein ist, wenn man auf die Welt kommt. Ein verstärkter Halt im Vertikalen bietet sich anfänglich schon an.

In Freuds Konzept wird das primäre Vorgehen der beiden Grundtriebe später durch äußere Liebesobjekte (darunter sind auch andere Menschen zu verstehen) in einer ausgeprägten Weise verkompliziert, es werden Liebesobjekte aufgegeben und zu Identifizierungen zurückgekehrt, was dann sekundärer Narzissmus heißt. Diesen kennt wohl jeder, indem man die Eigenliebe trickreich mit der Objektliebe verbindet und die Identitäten als positiv-wertvoll ausgibt. Doch Freud hat nicht weiter ausgearbeitet, wie man die frühe Körper-Eigen-Spiegelung, das *Strahlt*, und den ‚Klang des Nichts', das primäre *Spricht*, stets ausreichend in den therapeutischen Prozess mit einbeziehen kann, und so wird in der klassischen Psychoanalyse eben nur der sekundäre Narzissmus und die oft nicht ausreichenden „freien Assoziationen" behandelt, die beide bereits in Objektbeziehungen eingebunden sind.

Mit dem Begriff des primären Narzissmus hat sich die herkömmliche Psychoanalyse bisher aus dem Problem heraus gehalten. Wie die Autoren J. Laplanche und J.-B. Pontalis in ihrem Handbuch der Psychoanalyse schreiben, schwanken diesbezüglich die Auffassungen zwischen einem ‚autoerotischen' Zustande und einer ‚primären Objekt-Liebe', die schon intrauterin zur Mutter aufgebaut wird.[73] Doch Lacan hat recht, es handelt sich eben um den Zustand eines primären Mangels, eines Fehlens, einer minus Eins am Anfang der menschlichen Existenz. Diesen Mangel kann nur jeder Einzelne für sich durch das Beleben der Vertikalen in sich selbst ausgleichen und vor daher dann auch weiter theoretisieren.

In der *Analytischen Psychokatharsis* wird in der ersten Übung gezielt die Nähe des *Strahlt* in Form des Subjektpunktes und der Vertikalität aufgesucht, wodurch das libidinöse Schauen ins Bewusstsein tritt, aber es wird durch die Wiederholung der *Formel-Worte* und weitere Rahmenbedingungen (siehe Beschreibung im Anhang) in Schach gehalten und rein der verstärkten Selbstsublimierung zugeführt. Freud wollte nicht in die glühenden Augen der Sphinx schauen, wie die Psychoanalytikerin J. Le Soldat bemerkte. Sie hat Freuds Traum von ‚Irmas Injektion‘, den Freud als den Traum bezeichnete, der ihm das Wesen des Traums enthüllte, als von ihm selbst falsch gedeutet erklärt.[74]

Viel zu sehr hätte Freud nur die libidinösen Seiten seines Traumes beschrieben, die aggressiven aber nicht erwähnt. So deutet Le Soldat den Satz „Irma, die ich sofort *beiseite nehme, um . . .* " im diesem für die Psychoanalyse so wichtigen Traum, dass Freud hier jemand *beseitigen* wollte, und zwar sein bereits erwartetes sechs-

---

[73] Laplanche, J., Pontalis, J.-B., Vokabular der Psychoanalyse, Suhrkamp (1973)

[74] Le Soldat, J., Eine Theorie menschlichen Unglücks, Fischer (1994)

tes Kind. Aber auch eine homosexuelle Beziehung zu einem Kollegen, der im Traum vorkommt. soll Freud – Le Soldats Schlüssen folgend – beseitigt haben wollen. Man muss zugeben, dass Le Soldat diese ihre Deutungen plausibel mit zahlreichen Beispielen belegt, wenn sie auch Freuds Auffassungen vom Traum als einen als erfüllt dargestellten Wunsch nicht entgegenstehen. Mag ja sein, dass letztlich noch andere Wünsche, als Freud sie zugibt, in diesem Traum versteckt sind.

Dabei ließe sich neben der Körper-Eigen-Spiegelung als wirkliches Es *Strahlt* auch das Es *Spricht* als wirkliches Identitäts- oder *Pass-Wort* in gelungener, authentischer und realer Weise zusammenbringen, würde man nur bei sich selbst den Knoten-Schlüssel-Punkt ansetzen, wie er in der *Analytischen Psychokatharsis* möglich ist. In der zweiten Übung der *Analytischen Psychokatharsis* wird daher auf den ‚Ton‘, Klang, ‚Laut‘ geachtet, der sich bis zum *Spricht* hin verdichten kann. Dann wird aus den ‚Klang des Nichts‘ die Stimme des *Anderen*, die ja auch die Stimme von Niemand ist, denn der Andere hat keinen Namen. Auch wenn Lacan so auf dem „Vaternamen" als dem Zielpunkt im unbewusst-verbalen *Signifikanten* beharrt, so will er doch nicht, dass man damit einer konkreten Person, gar einem Gott oder isoliert Freud selbst als dem Vater der Psychoanalyse zuhört.

Dem *Pass-Wort* zuhören stellt die Alternative und Ergänzung des vertikalen Ichs dar. Das Wesen das *Passl-Wortes* lässt sich am besten mit einem weiteren Beispiel erklären. Es kam mir vor einiger Zeit beim Ausüben dieser zweiten Übung der *Analytischen Psychokatharsis*

zu: „Er ist an der Spitze der m a n," lautete es. An der
Spitze der m a n? Vielleicht bedeutet es etwas Narzissti-
sches oder Geltungssüchtiges, und ich wand den so vernommenen Satz sofort auf mich selbst an, wobei ich zu
meinem Schutz ergänzen darf, dass er bei weitem nicht
so ideal ist wie der Satz, den die Taube Jesus zukommen ließ: „Das ist mein geliebter Sohn, an dem ich mein
Wohlgefallen habe." Dieses göttliche Tauben-*Pass-
Wort* klang allerdings fast zu gut, zu pathetisch gut, aber
wie verhielt es sich mit dem meinigen?

Sicherlich, ich war in dieser Phrase an der Spitze, aber
doch nur an der Spitze der m a n, der neutralen, unper-
sönlichen und farblos bleibenden m a n oder m a n' s.
Da kann m a n nichts beschönigen, die m a n' s sind
vielleicht meine Leser, von denen ich die meisten nicht
kenne. Doch eventuell ist das auch gut so, ich liebe
meine m a n' s, und dies vielleicht auch nur deswegen,
dass sie mir nicht zu nahe rücken und mich trotzdem an
ihrer Spitze lassen? Zwischen den m a n' s und Spitze
liegt etwas Alternierendes.

„Das *Man* entlastet das jeweilige Dasein in seiner All-
täglichkeit. . . . Das *Man*, mit dem sich die Frage nach
dem *Wer* des alltäglichen Daseins beantwortet, ist das
Niemand, dem alles Dasein im Untereinandersein sich je
schon ausgeliefert hat. . . Das *Wer* ist das Neutrum. . .
Jeder ist der Andere und keiner er selbst."[75] Ich könnte
begeistert aus dem Kapitel III,27 von Heideggers Buch
zitieren, das endlos um diese Nichtung des eigenen Le-

---

[75] Heidegger, M., Sein und Zeit, Niemeyer Verlag (1963) S.
126-129

bens durch die Konformität der m a n's kreist. Nur durch die Angst und den Scheintod des *Selbst* hindurchzugehen, ermöglicht das eigene Sein und die eigene Revolte mit der Überwindung von zu viel m a n. So ganz schlecht sind die m a n's nämlich nicht, denn „das *eigentliche Selbstsein* beruht nicht auf einem vom *Man* abgelösten Ausnahmezustand des Subjekts, sondern *ist eine existenzielle Modifikation des Man als eines wesenhaften Existenzials*," so schreibt Heidegger zum Schluss. Man muss das m a n nur richtig anwenden, dann kann man auch an dessen Spitze stehen, interpretierte ich letztlich mein *Pass-Wort*.

Aber ich habe auch die Negativität, den Spott, das Süffisante dieses *Pass-Wortes* aus ihm herausgehört. Ich muss mich also zufrieden geben, an der Spitze einer gewissen nicht sehr persönlichen aber doch existenziell wertvollen Menge zu stehen. Ich muss einsehen, dass ich nicht mit jedem eine enge, bedeutende und mich selbst stützende Beziehung haben kann. Die Spitze ist nicht besonders hoch gelagert, ist vielleicht nur ein kleiner Spieß, der mich – sozusagen antinarzisstisch – sticht. In Wirklichkeit heißt der Spruch also eigentlich: „Er ist m a n ohne Spitze", und es sind die m a n' s, die ja selbst als eigenständige mehr zu sich selbst und zu anderen die wichtigen Beziehungen mit Hilfe eines Verfahrens aufbauen sollten, das ein anderer hätte auch erfinden können. Aber mein m a n hat's erfunden.

Seit Lacans Psychosemiotik lag so etwas in der Luft, eine Methode zu entwickeln, die wie der ‚linguistische Kristall' (ein Begriff Lacans für das Unbewusste) der

Formel- und *Pass-Worte* verwendet werden kann. Aber eines – so glaube ich doch wohl zurecht – vermittelt das *Pass-Wort* Beispiel, nämlich wie kurios, wie ‚anders herum‘, wie seltsam einfallsreich das Unbewusste aus seinem tiefsten Kern heraus sich ausdrückt. Kein Schriftsteller würde je auf solche Sätze kommen, dabei klingt das Ganze auch wie das Delphische Orakel, das m a n ja stets auch noch deuten musste, um seine endgültige Wahrheit zu erfassen. Ich werde also noch daran zu arbeiten haben.

Dem horizontalen Ich, den „horizontalen Beziehungen“ der alltäglichen Begegnungen und der sozial-psychologischen Verhältnisse, die nunmehr stark von der Stimme des *Anderen* in und um einem herum beherrscht werden, muss also das ‚vertikale Ich‘ der körper-eigenspiegelnden Senkrechten gegenübergestellt sein, indem es durch das *Strahlt* aufgerichtet und durch das *Spricht* in der Vertikalen gehalten werden kann. Beide zusammengebracht, gelungen, real kombiniert, würden sie die wahren und reifen Persönlichkeiten hervorbringen, die so dringend gebraucht werden. Ich kreise im Folgenden die Thematik noch weiter ein, um sie beweiskräftiger zu machen. Von ihrer praktischen Seite her ist die *Analytische Psychokatharsis* ganz einfach auszuführen, aber der verstandesmäßig zu begreifende Rahmen ist auch wichtig.

7. Quantenpsychologie

Die Verbindung von Geist und Materie, von Seele und Gehirn, von bewusster und unbewusster Psyche und anderem Ähnlichen mehr und genauer definieren zu können, war schon immer eine faszinierende und interessante Aufgabe. Bisher ist es aber nicht gelungen diesen Zusammenhang plausibel oder gar wissenschaftlich in einer direkten Form zu beschreiben, und – ich sage es schon im voraus – auch in diesem Buch wird er nicht so beschrieben werden. Wohl haben esoterische, mythische, philosophische, mystische und vergleichbare Arbeiten ein Ergebnis dieser Verbindung behauptet, aber eine auch nur annähernd wissenschaftliche Grundlage haben sie nicht gefunden. Auch die Physiker haben nicht erreicht die prophezeite Weltformel der sogenannten ‚allumfassenden Theorie' zu erstellen. Zwischen Quantenmechanik von N. Bohr und W. Heisenberg und der Einstein'schen Relativitätstheorie tasten sie immer noch herum und behaupten neuerdings in den kühnsten Theorien (Supersymmetrie, Stringtheorie) wenigstens einen Ansatz erdacht zu haben, der die Kräfte im ganz Kleinen und ganz Großen zusammenführen könnte.

Dabei engen sie ihren eigenen Geist auf die Prämissen ein, die ihnen die Naturwissenschaft vorgibt. Zwar können sie tatsächlich etwas beweisen, bleiben dabei aber stets einen Schritt hinter dem menschlichen Subjekt zurück. Sie haften am sogenannten Objektiven, müssen das Objekt jedoch immer zerlegen, verkleinern, vergrößern und in anderer Weise verdinglichen, um sich selbst als menschliche Subjekte, aus dem Spiel zu halten. Sie halten das Subjekt für unberechenbar und verschanzen sich so vor ihren eigenen im Unbewussten liegenden Gedanken. Mit anderen Worten: sie halten ihren Blick gesenkt und auf den Boden materieller Tatsachen gerichtet, selbst wenn sie ins Universum mit immer neueren und technisch versierteren Geräten schauen. Sie erklären ihre Untersucherrolle nicht, sie geben ihre Angst nicht her, wo man doch heutzutage weiß, dass im objektivsten Moment der Untersucher selbst in die subatomaren Bereiche mit einbezogen ist. So sind sie auch Sklaven der Technik, die sie zu ergründen behaupten.

Doch auch die Geisteswissenschaftler funktionieren hier nicht besser und sind genauso, wenn auch auf andere Weise, einen Schritt hintennach. Die Philosophen zum Beispiel müssen sich diese Verbindung (Geist / Materie etc.) erdenken und können nichts von dem, was sie sagen, wirklich beweisen. Sie werden zwar dem Subjekt gerecht, nicht aber dem Tatsächlichen. Philosophie und Theologie und alles, was versucht worden ist, aus bewussten Begrifflichkeiten her zu etablieren, kehrt schließlich wieder über neuere Begriffe, Symbole, Zeichen, Systeme etc. zum bewussten Ausgangspunkt zurück. Sie nehmen eine von vornherein bedeutende Einheit (z. B. die Idee oder das Sein) und geben sie dann als neu definiert und gefunden wieder heraus (anders gesagt: sie ziehen das Kaninchen aus dem Hut, das sie vorher dort hineingetan haben).

Nun tummeln sich zwischen diesen beiden großen Bereichen (Natur- und Geisteswissenschaft) zahlreiche

Leute, die oft sogar einen akademischen Titel haben, aber die Kluft mit selbstgemachten Theorien füllen. Einer der ersten Physiker, die auf fragwürdige Weise argumentiert haben wie Geist und Materie zusammenhängen, war Capra mit seinem 'Tao der Physik', in dem dieser nicht uninteressant die Frage der Raum-Zeit-Problematik mit den Auffassungen der Leere im Zenbuddhismus verglich. Auch fragte er sich, ob die Quark-Symmetrie (also die Ordnung kleinster Elementarteilchen) nicht ein neues Koan ist,[76] also aufgebaut wie ein zenbuddhistisches Rätselwort. Capra ist also Physiker und spürt, dass die Physik nur dann eine Chance hat, wenn sie das menschliche Subjekt in ihre Aussagen einbezieht, in die Teilnehmerperspektive! Von dieser hatte nämlich schon vorher der Philosoph Hastedt postuliert, dass „der Geist in der Teilnehmerperspektive als Subjekt der Erkenntnis methodisch vorrangig ist gegenüber Geist und Körper als Erkenntnis-Objekten in der Beobachterperspektive".[77]

Und in diesem Sinne beobachtete Capra eben eine faszinierende Analogie zwischen Geist und Materie. Aber das Koan – und so muss man die Leute mit ihrer eigenen Sprache strafen – liegt jenseits jeglicher Begrifflichkeit von Wissenschaft! Es ist ein wunderbares Mittel der alten taoistischen Psychotherapie und Menschenführung, lässt sich aber nicht in unsere westliche Wissenschaftskultur einbeziehen. Ja manchmal wird es sogar

---

[76] Capra, F., Das Tao der Physik, Scherz Verlag (1987) S. 246
[77] Hastedt, H., Das Leib-Seele Problem, Suhrkamp (1989) S. 291

zur skurrilen und aggressiven Posse wie z. B. in der ‚Quantenpsychologie' von A. Wilson, einem amerikanischen ‚multitasking' Esoteriker. Dieser selbsternannte Wissenschaftler hatte eine große Anhängerschaft, schrieb viele Bücher und war nichts anderes als ein Quanten- und Netzwerkfanatiker.

Er stützte sich nämlich zu Recht auf die Unbestimmtheit, auf die Unschärferelation der eingangs genannten Quantenmechaniker und konnte dann feststellen, dass Unbestimmtheiten in allen Bereichen des Lebens gang und gäbe sind. Das ist freilich nicht unbedingt etwas Neues, doch die Probleme liegen auf der Hand. Er bediente sich nämlich ausschließlich kühner Analogien und des Prinzips der Ähnlichkeit. So sah er in der Vernetztheit des Gehirns und in der des Universums gleichgeartete Strukturen als gegeben und Vorgänge als gleichermaßen wirkend an, so dass man also über das gemeinsame Element, den gemeinsamen Nenner beider, psychisch, mental, neuronal-geistig Geschehnisse in der Umwelt beeinflussen könnte. Doch wie soll der gemeinsame Schalthebel aussehen, und wie soll das letztendlich gehen, wo doch Ähnlichkeiten keine Gleichheiten sind, wie sie in der Mathematik gefordert werden, und Analogien keine wirklichen Logiken.

Die Feministin und Physikerin Barad geht noch weiter. Sie stützt sich in ihren Aussagen zu dem Phänomen der ‚Verschränkung' (zwei Photonen sind durch Quantenwirkung miteinander verschränkt, obwohl sie sich selber weit auseinander befinden) ebenfalls auf die Komplementaritätstheorie des Physikers N. Bohr und zudem auf den Dekonstruktivismus des Philosophen J. Derrida.[78] Barad bestätigt die Ansicht der Unbestimmtheits- bzw. Unschärferelation noch, indem sie sagt, dass Messinstrument und zu messendes Objekt zwar getrennt, andererseits aber auch vollkommen ‚verschränkt' und ineinander verwoben sind. Der menschliche Beobachtungsapparat interagiert selbst mit dem Beobachteten. Wie will man da überhaupt exakt messen? Aber nicht nur die Objekte und die Messinstrumente verhalten sich komplementär, sondern letztere auch untereinander. Sie kommt dadurch zu einer anderen und extremen Auffassung von ‚Fernwirkungen', kann Physik jedoch nur wieder mit Philosophie erklären und nicht aus sich selbst definieren.

Damit verlässt sie zwar eine strengere mathematisch-physikalische Sichtweise. Denn was zwischen Messinstrument und Objekt noch angehen mag, da es ein einheitlicher Vorgang ist, auf den beide bezogen sind, verhält es sich bei den Messinstrumenten untereinander nicht mehr so klar und präzise. Verdoppeln sich dann die Messungen oder heben sie sich gegenseitig auf? Mathematisch-physikalisch gilt, dass eine Einheit (Entität), die in der Physik wirkt, nicht an zwei Punkten zugleich sein kann, sonst bekommt sie eine subjektbezogene, irrationale Form. Deswegen meint der Physiker M. Esfeld, dass in all diesen Fällen von ‚Fernwirkung' „eine präzise Definition von ‚Messung' gar nicht gegeben wird.

---

[78] Barad, K., Verschränkungen, Merve (2015)

Das ist auch nicht möglich. Denn physikalisch gibt es keinen Unterschied zwischen einem Messprozess und einer beliebigen Interaktion. Ferner sind Messgeräte keine natürliche Art von Gegenständen, die in der Natur unabhängig von unseren Interessen vorkommen wie eben Elektronen, Sauerstoffatome, DNA-Sequenzen ... Vielmehr können beliebige Dinge von Experimentatoren entsprechend ihren Absichten als Messgeräte verwendet werden."

Und weiter: „Wenn man definitive numerische Werte für Eigenschaften makroskopischer Objekte akzeptiert . . . und wenn man die Quantenmechanik als vollständige Beschreibung der mikrophysikalischen Wirklichkeit anerkennt, dann muss man die Möglichkeit des Übergangs zu wohlbestimmten numerischen Werten in die Dynamik einbauen, die man für die Zeitentwicklung von Quantensystemen ansetzt."[79] Anders gesagt: In der quantenmechanischen Verschränkung sind ja wie oben schon gesagt auch die Messinstrumente letztendlich quantenmechanisch aufgebaut und interagieren nicht mehr messbar. Dies zeigt sich ja auch heute bereits bei dem Versuch die ersten Quantencomputer zu konstruieren. Sie müssen fast auf den absoluten Nullpunkt hin gekühlt werden, dürfen auch nicht minimalen Erschütterungen ausgesetzt sein und nur aus bestimmten Metallen hergestellt worden sein. Ihre Fehlerempfindlichkeit ist daher immens und so werden diese Computer nur in einer gewissen Einschränkung verfügbar sein, mit der

---

[79] Esfeld, M., Das Wesen der Natur, Spektrum der Wissenschaft, 6/11, S. 57

nach wie vor herkömmliche Computer konkurrieren können.

Ich versuche dennoch einmal eine dieser faszinierenden Analogien, die ich oben als zu wenig wissenschaftlich kritisiert habe, genauer zu beschreiben. Es geht um die physikalische Stringtheorie und die Knotenketten Lacans. Die erstere besteht aus der Annahme, dass es hauchdünne ‚schwingenden Saiten' sind, die in kurzer oder auch ungeheuer langer Form das Universum durchziehen und sowohl die Elementarteilchen wie auch die Gravitationswellen dar-stellen, vermitteln und begründen können. Die Stringtheorie ist eine Errungenschaft der modernen Physik, der es annähernd gelungen ist, die oben schon erwähnten beiden Bereiche der Einstein'schen Relativitätstheorie (vereinfacht: die Theorie des ganz Großen, also der Sterne und der Gravitation) und die von N. Bohr begründete Quantenmechanik (Theorie des ganz Kleinen, also der Elementarteilchen) zu vereinen. Fast ein Jahrhundert hat man damit leben müssen, dass von diesen beiden physikalischen Konzepten jedes für sich richtig und schlüssig war, es aber unmöglich schien, sie zu verbinden. Obwohl sie der gleichen Naturwissenschaft und Mathematik angehören und sich mit den letztlich gleichen Substanzen des Universums befassten, ließen sie sich nicht verheiraten bzw. vereinen (wenn ich das einmal so lasziv sagen darf).

Der Stringtheorie ist nun also in etwa gelungen, auch das Problem der sogenannten Dunklen Materie und Dunklen Energie annähernd klären zu können. Dunkle Materie und Energie sind schon seit langem als rätselhafte Monster im Universum bekannt, denn sie nehmen ein Mehrfaches der sichtbaren Materie und der messbaren Energie ein. Die Dunkle Materie lässt sich z. B. dadurch nachweisen, dass sie eindeutige Schwerkraftwirkungen zeigt. Es muss sie also wirklich geben, aber man kann sie nicht sehen, da sie kein Licht und keine Strahlung aussendet. Bei der Dunklen Energie ist es ähnlich, da man sie zur Erklärung der Expansion des Universums benötigt. Was treibt die Sterne auseinander, wo alle ihre Kräfte nur untereinander Effekt haben und sich ja eher gegenseitig anziehen.

Die diesbezügliche Hilfe der Stringtheorie besteht darin, dass sie von einem Multiversum ausgeht, das sich aus zwei, drei oder mehr Universen zusammensetzt und eines dieser Teiluniversen (sagen wir z. B. das unsrige) mit einem anderen derartigen Teil- bzw. Paralleluniversum in einer ganz bestimmten minimalen Form wechselwirkt. Diese Wechselwirkung wird in erster Linie von den Schwerkraftwellen oder Schwerkraftteilchen (auch Gravitonen genannt) getragen. Doch wie, war bisher ein Geheimnis. Die Strings sind also eine Art ultrahauchdünner Fäden, gespannter Saiten, die schwingen und somit einerseits das Wesen der Elementarteilchen ausdrücken. In ihrer geschlossenen Form andererseits, in der sie sich also rund schließen, haben sie mit der Gravitation zu tun und stellen zum Paralleluniversum die Verbindung her. Diese Verbindung, dieser Verbindungsgang oder diese Durchtunnelung, die wegen ihrer Kleinheit auch „Wurmloch" genannt wurde, ist nicht nachweisbar und wird es vielleicht auch nie sein, aber wenn man doch sehr plausibel auf sie schließen kann, hat sie eine große Bedeutung.

Über diese Durchtunnelungs-Verbindung kommt eben Schwerkraft, Wirkung großer Massen und Energien, die dunkel bleiben, in unser Universum. Kurz: unser Dasein, wie es sich hier auf der Erde abspielt, wird zu einem größeren Teil von einer Welt her gesteuert, zu der es keinen Zugang gibt. Diese andere Welt der geschlossenen Strings, die selbst auch Massen und Energien beherbergt, mutet wie das Jenseits an, das die Religionen schon seit Jahrtausenden als den uns dominierenden ‚Himmel' bezeichnet haben. Die Hauptkräfte liegen drüben auf der anderen stets unbekannten Seite, und nur durch den engen Tunnel einer Offenbarung gibt es Kontakt dorthin. Dagegen schwirren auf der mehr diesseitigen Welt die Elementarteilchen herum, die uns mit ihrer Quantenmechanik plagen.

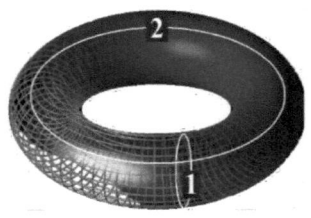

Oder anders erklärt: Neuerdings fanden Physiker in Metallkörpern, dass z. B. in deren Randregionen der Elektronenfluss stärker, schneller bzw. widerstandsloser vor sich geht als im Inneren dieses Metallstückes. Diese als Quanten-Hall-Effekt beschriebene Elektronenflussverteilung ähnelt topologischen Figuren, etwa dem Torus (Schlauchreifen), dessen Vektoren (siehe Pfeile 1 und 2 in der Abbildung nebenan) um keinen zu definierenden Mittelpunkt kreisen. Sind es wieder die menschlichen Beobachtungsapparate, sind es wieder die Mensch / Materie-Interaktionen, die dazu führen? M. König, auch ein Physiker, hat dazu kuriose Ideen entwickelt.

In seinem Buch geht es ihm nicht nur um die Verschränkungsideen, sondern auch um die Erschaffung einer ursprünglichen Sprache, die er mit der Physik in Einklang bringen möchte.[80] Diesen Einklang nennt er das Ur-Wort. Alles wirkt extrem spekulativ und verführt den Autor schließlich dazu, Kommunikation (auch solche höchst philosophischer Art?) zwischen Lebenden und Toten durch „gebündelte Essenzelektronenen" zu behaupten, wenn diese nur genug „elektromagnetische Energiedichte" haben. „Elektronen sind elementare Bewusstseinseinheiten", schreibt er, „die Seele ist ein Plasmazustand, ein Gas". Ganz kühn aber wird König durch die Anwendung seiner Theorie in der Praxis.

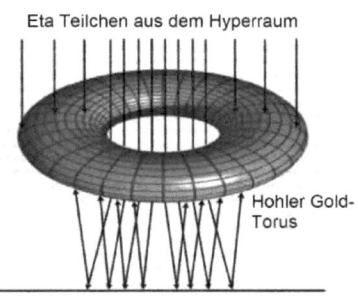

Der Gold-Torus nach M. König

Eta Teilchen aus dem Hyperraum

Hohler Gold-Torus

Masse, z. B. Erd-Oberfläche

Diese sieht so aus: man setzt sich unter einen großen „Goldtorus" (siehe Abbildung oben. Dieses topologische Gebilde erinnert an den Orgon-Akkumulator von

---

[80] König, M., Das Urwort, Scorpio (2010)

W. Reich, einem Schüler S. Freuds, womit wir wieder bei der Psychoanalyse wären. Reich hatte einen aus verschiedenen leitenden und nichtleitenden Materialien hergestellten Kubus zu genau diesen Transformations-, Transdimensions- Effekten wie von König beschrieben, verwendet. Einstein prüfte dieses Gerät, konnte dessen Wirkungen aber mit üblichen physikalischen Effekten nicht erklären. Er hielt es für unwirksam. Zudem fehlte in dieser Diskussion die Subjekt-, die *Spricht*-Seite.

Während König diese ja einzubeziehen sucht (es geht bei ihm um das im Titel erwähnte Ur-Wort), bleibt seine Konstruktion dieses Ur-Wortes aus magischen Buchstabentafeln doch weit hinter den Lacanschen *Signifikanten* zurück. Dafür klingt sein Metall-Torus ja nach dem Quanten-Hall-Effekt der offiziellen Physik, wofür sogar der Nobelpreis verliehen wurde. Doch König kannte diese neuen Forschungen und deren Resultate noch nicht, sonst hätte er sich vielleicht leichter getan, seinen Goldtorus davon abzuleiten und weitgehende Schlüsse für die Beziehung zum Gehirn oder – noch besser – zum Unbewussten ziehen zu können. Denn darin liegt ja die prekäre Faszination eines universalen Schlüssels, der in allen Situationen wirken sollte.

Und hier kann ich jetzt auch den Sprung zur Psychoanalyse Lacans machen. Auch bei ihr gibt es eine dunkle, schwer sichtbar zumachende Verbindung, die äußerst zutreffend den Namen „Wurmloch" verdienen würde. Es ist die Verbindung vom Ich und seinen bewussten Gefühlen und Gedanken zum bis heute noch rätselhaft gebliebenen Unbewussten durch eben solche sehr ähnliche Durchtunnelungen, die Lacan, „défilés signifiantes", signifikante Engführungen, nennt. Das Unbewusste ist nicht das Unterbewusste, wie oft berichtet wird. Das Unbewusste ist in einer recht krassen Weise unbewusst, es wirkt wie ein Paralleluniversum in uns selbst und wie das physikalische Paralleluniversum lässt es sich nur indirekt nachweisen. In Träumen, Versprechern, Fehlleistungen und spontanen, unbedachten Assoziationen des Patienten in der psychoanalytischen Sitzung kommt dieses tiefen-seelische Paralleluniversum in seiner verqueren Logik manchmal heraus. Mehr und mehr zeigt es seine unglaublich starke und vielseitige Wirkung auf das Bewusste.

Genauso wie in der Astrophysik die Dunkle Materie mehr Raum und Zeit einnimmt als die sichtbare, so hat das Unbewusste wohl auch weitaus mehr Geltung und Wirkung als unser Ich samt seinen Attributen. Und tatsächlich scheint das Ganze also wie durch ein „Wurmloch", ein ‚défilé', einen Engpass, von statten zugehen, wobei man das Gefühl hat, dass schon dieser Aspekt allein zwei Grundfunktionen, einerseits nämlich den der 'Ähnlichkeit', die Lacan auch eine erste dialektische Kategorie nennt,[81] und von der ich gerade als unzureichender, wenn auch faszinierender Kategorie sprechen würde. Sie steht dem *Strahlt*, dem Bild-Wirkenden, dem imaginären *Signifikanten* nahe, der zu so etwas wie der Übereinstimmung von Netzwerkstrukturen bei Gehirn und Universum führt, wie ich es von A. Wilson zitiert habe.

---

[81] Lacan, J., Seminar II, Walter, 1980, S. 180

Bei der zweiten Grundfunktion andererseits handelt es sich um die den *Anderen*, indem dieser das Gegen- oder gar Multiuniversum darstellt, wo angeblich die Gesetze der Physik nicht mehr gelten müssen. Lacan spricht hier auch von den „défilés logiques", den logischen Engführungen, den symbolischen Durchtunnelungen, durch die unbewusste Bilder und Bedeutungen sich hindurch quälen, um zu Erscheinung und logischen Bewusstsein zu kommen. Auch hier scheint das Wort ‚Engführung', ‚défilé', schon alles zu sagen. Hier wird etwas wie durch den Fleischwolf gedreht, und ist es nicht dieser selbst, der die Haupt-Bedeutung in sich trägt?

Ja, denn bei Lacan finden sich Fäden, Strings (rond des ficelles), die offen oder geschlossen (z.B. ringförmig) sein können und sich durch die genannten Durchtunnelungen schlingen. In geschlossener Form sehen sie wie ein Borromäischer Knoten aus, in dem sich drei (manchmal auch mehr) dieser Fäden so umschlingen, dass es sich um ein geschlossenes Gebilde handelt (siehe nächstes Kapitel). Öffnet man aber nur eine dieser Schlingen, sind alle lose und frei genauso wie bei den frei schwingenden Strings. Es gibt verschiedene Gründe, dass eine Schlinge sich öffnen kann – dazu später mehr. Denn im Moment spreche ich ja nur deswegen davon, weil diese Fadengebilde (rond des ficelles) so eine ausgeprägte Ähnlichkeit mit den Strings haben.

Wieder geht es also um die Ähnlichkeit, um die starke Analogie, die der Wissenschaftler D. Hofstadter eine naive, triviale Analogie nannte, weil er meinte, dass derartige Analogien echten wissenschaftlichen Beweischarakter haben, doch so ganz stimmt dies wie erwähnt eben nicht. Immer wieder kommt etwas Subjektives ins Spiel, wird aber nicht genau erklärt. Die Grundfunktion der ‚Ähnlichkeit' steht dem *Strahlt*, dem Bild-Wirkenden, dem imaginären *Signifikanten* nahe. Sie wird bei ihm jedoch durch die zweite, die der symbolischen Ordnung (verbaler *Signifikant*, *Spricht*) ergänzt. Das Ineinander-greifen beider Kategorien kann in der Psychoanalyse nun vom Analogen (über das Kataloge der verschiedenen Fachbegriffe) zum Dialogen gebracht werden. So etwas kann man schon eher Wissenschaft nennen.

Doch so perfekt die psychoanalytische Theorienbildung sich hier offenbart, der Nachteil für mein Vorhaben Geist und Materie auf einen Nenner zu bringen ist, dass man mit dem Paralelluniversum keinen Dialog führen kann. Denn das hätte einen starken Auftrieb für die Vertikale gegeben, die dann von innersten Innen bis zum äußersten Außen gereicht hätte, was ja tatsächlich die Spekulation mancher Esoteriker darstellt. Doch so geht es eben nicht, wenn man auch nur ein bisschen wissenschaftlich bleiben will.

Daher schlage ich einen Weg vor, den zwar auch die Mathematik benutzt, vor allem aber auf einer verbesserten und besonderen Aufbereitung des Symbolischen und Imaginären basiert und sich von daher dem Real-Wirkenden nähert. Dazu erneut eine Abbildung des Borromä-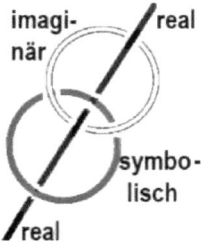

ischen Knotens, wobei hier eine der Schleifen, nämlich die des Realen, als ‚unendliche‘ Gerade eingezeichnet ist (im nächsten Kapitel will ich zeigen, inwiefern die Kreisschlinge und die ‚unendliche‘ Gerade völlig äquivalent sind, also so oder so gezeichnet werden können).

Zum Imaginären muss ich nichts weiteres sagen, das Bildhafte ist nie eindeutig, es hat von sich aus keine definitive Ordnung, stellt sich immer als Bilderflut dar, die im Unbewussten bis zu Halluzinationen führen kann. Genauso im Universum, wo wir die Bilderflut von Galaxien, Nebeln, Sternen, Planeten, Kometen etc. vorfinden. Eine Ordnung kann dorthin nur gebracht werden, wenn man das Symbolische dazu nimmt wie es ja auch m Unbewussten und in der Praxis der Psychoanalyse der Fall ist.

Doch wie gesagt spricht das Universum samt seiner Parallelen Form nicht, es findet sich keine symbolische Ordnung. Vielmehr greifen die Astrophysiker auf die Naturwissenschaft zurück und basteln sich also in der Stringtheorie und Supersymmetrie beispielsweise irgendetwas zusammen. Nun beschreibt aber der Astrophysiker M. Pössel doch etwas, das beweist, dass im Universum genauso wie im psychoanalytischen Sprechzimmer interessante Klängen vorkommen. Bei den Neutronensternen (geschlossene oder halbgeschlossene *Strings*) konnte er ein Schallphänomen eruieren, das in die Nähe von Morsezeichen gerät und so eventuell tatsächlich etwas Sprachliches von sich geben könnte.

„Kleine Störungen der Raumzeitgeometrie – kleine Abweichungen von der Geometrie der absolut leeren

Raumzeit können sich als Wellen ausbreiten.[82] Eine ähnliche Art der Ausbreitung kennen wir von Schallwellen: ein kleiner Bereich von Luft ist etwas dichter und hat daher einen höheren Druck als seine Umgebung, dehnt sich daher etwas aus, was wiederum in der Nachbarschaft zu höherer Dichte, Druck und leichter Ausdehnung führt, und auf diese Weise pflanzt sich der Dichteüberschuss immer weiter fort. Im Einstein'schen Fall ist es eine kleine Raumzeitverzerrung, die zu einer weiteren Raumzeitverzerrung in der Nachbarschaft führt, so dass sich die Störung letztendlich durch den ganzen Raum fortpflanzt, und zwar mit Lichtgeschwindigkeit. Diese sich fortpflanzenden Störungen sind die Gravitationswellen."

Für den einfachsten Fall einer solchen Welle lässt sich die Verzerrung wie folgt (Abbildung unten) veranschaulichen. Angenommen, wir befinden uns einmal mehr im Weltraum, fernab aller Gravitationsquellen. Auf den Fußboden unserer Raumschiffkabine legen wir aus verschiedenfarbigen Sandkörnern das folgende Mandala-Bild (Abbildung unten). Eine einfache Gravitationswelle, die durch dieses Mandala läuft, verzerrt die Abstände

---

[82] Die hier und im Folgenden zitierten Abschnitte stammen von dem Astrophysiker Markus Pössel „Die Wellennatur der Gravitationswellen" in: *Einstein Online* Band 3 (2007), S. 1106

zwischen den Sandteilchen so, wie in der animierten Abbildung (Pfeilrichtung) zu sehen. In dem dargestellten Fall läuft die Welle aus Richtung hinter den Bildern auf den Betrachter zu und durchquert dabei das Mandala. Das Zusammenspiel von Verlängerungen und Verkürzungen der Abstände – Streckung in die eine Richtung, gleichzeitige Stauchung in die andere – und der Umstand, dass die Verzerrungen in einer Ebene senkrecht zur Ausbreitungsrichtung stattfinden, sind allgemeine Eigenschaften von Gravitationswellen."

Es geht um „Gravitationswellen, die [in dieser Weise] astronomische Objekte aussenden und die in einiger Hinsicht mehr einem Orchesterklang als einem Bild ähneln. Was uns etwa von einem Paar umeinander kreisender Neutronensterne erreicht, ist kein unzusammenhängendes Gemisch vieler kleiner Beiträge, aus denen sich die Detailstruktur des Entstehungsgebiets rekonstruieren ließe, sondern eine harmonische Gesamtwelle, die Informationen über ihren großräumigen Entstehungsprozess enthält. Tatsächlich geht die Analogie noch weiter, denn die Frequenzen einiger Gravitationswellen liegen im gleichen Frequenzbereich wie die von einer ganz anderen Art von Wellen – den Schallwellen nämlich, die wir mit unseren Ohren hören können".

„Diese Gravitationswellensignale lassen sich daher in hörbare Töne ‚übersetzen'. . . überträgt man die Frequenz des Gravitationswellensignals und seine zeitliche Entwicklung auf Schall, so kann man bestimmte kosmische Prozesse hörbar machen. Durch die Abstrahlung von Gravitationswellen verliert ein solcher Doppelstern

Energie und die Dichteverteilung im Zentrum einer Supernova könnte dann direkt ‚hörbar' werden. In hörbare Töne übersetzt entspricht das einer Art ‚Zirpen' – einem Ton, der leise und tief beginnt, und dann immer höher und immer lauter wird. Für Astrophysiker ist ein direkter Nachweis solch eines ‚Zirpens' hochinteressant – der Verlauf des ‚Zirpens' enthält nämlich Informationen über die Stärke der ausgesandten Gravitationswellen."

Es gibt also tatsächlich Laute und Rhythmen, die nur noch in verbale Sprache übersetzt werden müssen, um die Gravitonen- oder *String*-Psychologie verifiziert zu haben. Zweifellos haben die Schwerkraftwellen, die ja die geschlossenen *Strings* darstellen, eine starke Verwandtschaft zum ‚Es Verlautet', zum Es *Spricht*. Wir haben hier die *Signifikanten* vor uns, die die Natur als erstes *Maßgebliches* liefert. Aber man darf nicht glauben, dass ein *Signifikant* direkt einem anderen *Signifikanten* antworten kann, wie es die Mystik und Esoterik behauptet oder wie es Wohlleben von seinen Bäumen erzählt. Da liegt der grobe Fehler aller Pseudowissenschaft wie ich sie gerade oben bei den Begriffen Quanten- und Quark-Psychologie kritisiert habe. Das Zirpen der Gravitationswellen ist immerhin ein *Spricht*, doch das Problem liegt erneut wieder in der Frage, wie legiert ist dieses mit dem *Strahlt*? Kann man aus dem ganzen Gerede, das ich hier zitiert habe, etwas Handfestes für eine psychoanalytische Stringtheorie zusammenschrauben? Eine logische Aussage und einen Anhalt für die imaginär/symbolische Vertikale ergibt das Zirpen nicht.

Mit der *Analytischen Psychokatharsis* wird es jedoch gehen. Es geht in einer definitiv zu beschreibenden Weise, die ich im Folgenden weiter betreiben will. Denn wie in der Psychoanalyse wird in der *Analytischen Psychokatharsis* weder eine Naturwissenschaft noch eine Geisteswissenschaft benutzt. Man hat der Psychoanalyse allerdings bis heute immer wieder einen Wissenschaftsstandart bestritten. Nun hat Lacan sie doch in den Rang einer „logischen Praxis" bzw. einer Konjekturalwissenschaft (Vermutungswissenschaft) erhoben, wie sie ja in der Mathematik viel zur Anwendung kommt.[83] Nikolaus von Cues schrieb schon in seinem Werk ‚De Conjectura' (über die Vermutung), dass ein begründet vermuteter Schritt nach dem anderen zu solch einer Verdichtung und Präzision der Aussagen führt, dass der letzte Schritt – den dann eben jeder selber tun muss – von sich aus die Wahrheit, das Ergebnis der wissenschaftlichen Suche darstellt.

Das Reale ist also doch mathematisch, wo ja Vermutungen bewiesen werden, aber so wie das Unbewusste in der *Analytischen Psychokatharsis* aufgesucht wird, kann es mit dieser Mathematik mithalten, denn ich lasse ja ohnehin den allerletzten Schritt im weiteren Vorgehen – ob man es jetzt wissenschaftlich, psychokathartisch analytisch, konjektural-mathematisch oder sonst wie „lo-

---

[83] Bekanntlich wird von der Fermatschen oder der Poincareschen Vermutung gesprochen, die dann mit rein mathematischen oder geometrischen Methoden bewiesen werden muss, was für die beiden genannten Beispiele auch bereits gelungen ist.

gisch praktisch" nennt – jeden Einzelnen selber tun. Dazu habe ich ja Hastedts Kommentar zum Leib-Seele-Problem zitiert.

Wie in jeder Meditation sitzt man zuerst einmal dem Nichts, dem Dunkel, allegorisch gesagt: dem Paralleluniversum gegenüber. Wieder geht es anfangs um die Flut des Imaginären, die allerdings durch das Symbolische der *Formel-Worte* gut in Schach gehalten werden kann. Aber wo bleibt das Reale? Das Reale liegt bei der *Analytischen Psychokatharsis* in der Methode, in der die beiden Grund-*Signifikanten* kombiniert, legiert sind, nämlich durch die kompakteste, konkretistischste, „logisch praktischste" Form, die auch mathematisch gesehen möglich erscheint. Denn hier existiert eine rechnerische Lösung in Form der *Pass-Worte*, die jeder Einzelne – und damit Hastedts Axiom exakt folgend – nur für sich gewinnen kann.

Auch gibt es nicht nur den negativen Raum, es existiert auch eine negative Zeit. Das ist keine Zeitreise nach rückwärts wie es sich Esoteriker gerne vorstellen, sondern ein tieferes Eindringen in dem Moment, in dem sich der Widerhall, die „Echos des Körpers",[84] die sich

---

[84] Es handelt sich um all das Worthafte, Symbolische, das sich wie ‚Echos im Körper' angesammelt hat und von dem Lacan sagt (Seminare XXIII, Übersetzung Lacan-Archiv, S. 10): „Die Philosophen . . wissen nicht, dass die Triebe das Echo im Körper sind. . .Weil der Körper einige Öffnungen hat, deren wichtigste, weil sie nicht geschlossen werden kann, das Ohr ist, antwortet im Körper das, was ich die Stimme genannt habe".

mit denen des Universums vermischen, als *Pass-Worte* verlauten lassen. Die *Pass-Worte* schaffen Identität für den Übenden, eine Identität, die über die der herkömmlichen Psychoanalyse hinausgeht, die sie das „gute, konstante Objekt" nennen. Es ist der Moment zu dem Goethe sagte, „verweile Augenblick, du bist so schön", weil nur im Moment einer Gehobenheit sich die Wahrheit, auch eben die negative, sagen lässt. Diese Wahrheit kehrt also nicht die Zeit um, sondern vertieft sie im ‚Ding', wo die Zeit verloren geht.

.

8. Unendliche Gerade und Kreis

Ich kehre daher zu meinem Vorschlag zurück, einen anderen Zugang zur Wissenschaft als solcher zu verwenden, wo nicht mehr mit den Prinzipien der Ähnlichkeit und Analogie gearbeitet wird, sondern ausschließlich mit dem der Gleichheit oder Identität, wie sie in der Mathematik und ihrem Gleichheitszeichen festgelegt ist. Dabei gehe ich von der mathematisch, geometrisch, topologisch einfachsten Form aus, die möglich ist, nämlich von der erwähnten ‚unendlichen' Geraden und dem Kreis, die trotz ihrer scheinbaren Unähnlichkeit völlig äquivalent, also gleichartig sind. Dieser Sachverhalt ist schon daran zu sehen, dass man selbst auf der Minikugel, die unsere Erde im Verhältnis zu anderen Planeten oder Sternen darstellt, die kreisförmige Krümmung nicht wahrnimmt, sondern immer den Eindruck hat, man gehe auf einer endlosen Geraden spazieren. Um wie viel klarer wird dies, wenn man sich den größtmöglichen Kreis vorstellt, den es geben kann, dessen Linie mit den besten Mitteln nicht mehr von der sogenannten ‚unendlichen' Geraden zu unterscheiden wäre.

Zudem, dass Paradoxe und Problematische des Unendlichen ist in der Mathematik seit langem bekannt. Man hat es damit zu lösen versucht, indem man Zahlengruppen zusammenstellte, z. B. die Gruppe der Primzahlen, die Galois-Gruppen und andere, was verhindert, dass man dauernd an den Unendlichkeitsbegriff denken muss, der irreal ist. Selbst ein Lichtstrahl ist nicht unendlich gerade, man weiß, dass Sternenlicht durch die Schwerkraft anderer Sterne gekrümmt wird. Auch von daher also ist zwischen dem Kreis und der ‚unendlichen' Geraden kein Unterschied. Die beiden mathematisch-topologischen Gebilde überlagern, überkreuzen und verknoten sich also beliebig. Gerade bei den Knoten lassen sich viele verschiedene Arten darstellen, die für meine weiteren Argumentationen wichtig sind.

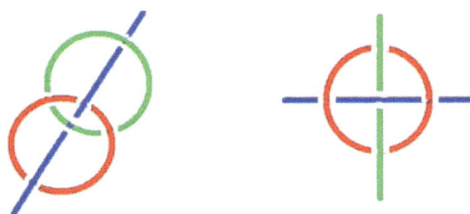

Die obenstehende Abbildung zeigt den Borromäischen Knoten in verschiedenen Kombinationen von Kreis und ‚unendlicher' Gerader (Links mit zwei Kreisen und einer ‚unendlichen' Geraden, rechts mit einem Kreis und zwei ‚unendlichen' Geraden, alle gleichwertig zueinander). Man könnte auch drei ‚unendliche' Gerade so überlappend und gekreuzt zueinander legen, jedoch lässt sie sich nicht zeichnen (plätten wie Lacan sagt). Und das ist nun interessant. Denn was sich noch relativ einfach demonstrieren lässt, ist die Beziehung des Borromäischen Knotens zu anderen Knoten bzw. Verschleifungen wie in der unten stehenden Abbildung gezeigt. Die drei roten Schnittpunkte liegen wiederum auf einem Kreis (schwarz), die Verschleifung ist also hinsichtlich

der topologisch äquivalenten Dreier-Kleeblattschlinge rechts nur auf andere Weise sichtbar gemacht worden.

Die sich in der Dreizahl der Plättung entziehenden ‚unendlichen' Geraden weisen jedoch auf etwas anderes, nämlich auf das Reale hin. Das Reale zwingt sich auf, weil die Kombination mit drei ‚unendlichen' Geraden in dem hier diskutierten Fall nun für das IRS stehen, also dafür, das Symbolische real zu imaginieren. Und so kommt man der *Analytischen Psychokatharsis* näher, wo das Gleiche in gering anderer Weise im Zentrum steht, nämlich in den dort anzuwendenden *Formel-Worten*. Dort geht es ebenfalls um einen Kreis, auf dem verschiedene Buchstaben aufgereiht sind (siehe Abbil-

dung nebenan). Auch sie weisen eine Verknotung bzw. bestimmte Schnittstellen auf, die genauso wie im Borromäischen Knoten die gesamte Konstruktion des Symbolischen, Imaginären und Realen zeigen, aber auch offen lassen.

Bestand in dieser Offenheit für Lacan die Möglichkeit seine psychoanalytische Theorie des Unbewussten theoretisch zu erklären, so liegt sie in den *Formel-Worten* in einer besonders für die Praxis geeigneten Form vor. Ich habe schon auf die in Psychoanalyse und *Analytischer Psychokatharsis* vorliegenden Zusammenhänge und Vergleichbarkeiten der Praxis hingewiesen. So finden sich in der gleichschwebenden Aufmerksamkeit und in der Art der ‚freien Assoziationen' das gleiche meditative Element, um das Unbewusste zu wecken, wie es in der *Analytischen Psychokatharsis* durch die Anwendung der *Formel-Worte* geschieht. Für den Psychoanalytiker liegen in den Stockungen, Versprechern, gestischen Unterbrechungen etc. die Schnittstellen, die das Unbewusste im Gespräch verursacht und so den psychoanalytischen Diskurs charakterisiert. In der *Analytischen Psychokatharsis* weisen die *Formel-Worte* gleichermaßen diese den durchgehend einzigen, im Kreis geschriebenen Schriftzug samt den strukturierenden Schnittstellen auf (nochmals jetzt in der nebenstehenden Abbildung mit eingezeichneten

Schnittstellen gezeigt). Und damit wecken sie gleichermaßen das Unbewusste.

Denn von den jeweiligen Schnittstellen aus gelesen, ergeben sich aus diesem in lateinischer Sprache gefassten *Formel-Wort* verschiedene Bedeutungen. Es handelt sich um die gleiche Art unterschiedlicher Bedeutungen, wie sie bei den gerade genannten Stockungen im Redefluss, in den psychischen Spaltungen oder den Freud'schen Versprechern vorkommen. Beim S oben rechts angefangen heißt es SCIS / NOMEN, du weißt den Namen. Oder beginnend mit dem M: MENS / CIS / NO, Der Geist, der Verstand, diesseits von No. Oder: OMEN SCIS N, du kennst das Omen N. Und weiter: C IS NOMEN S, hundert dieser Name S usw. (ich führe hier nicht alle auf). So unsinnig einzelne der Bedeutungen vielleicht auch sind, sie sind doch grammatikalisch und syntaktisch normal und sogar auch semantisch in Ordnung, spielen aber im weiteren Verlauf der *Analytischen Psychokatharsis* keine Rolle mehr.

Wichtig ist nur der einheitliche Schriftzug wie E N S C I S N O M, der nur meditativ, gedanklich, mental wiederholt werden muss, um das Unbewusste so wie erwähnt anzuregen. Ich lasse also die Probanden meditieren, jedoch nicht nach irgendwelchen ideologischen, neuropsychologischen, ,spirituellen' oder rein herkömmlich psychoanalytischen Vorgaben. Jeder kann selbst nachlesen und studieren, wie die *Formel-Worte* aus den Konzepten von Linguistik, Topologie, Psychoanalyse etc. und dem meditativen Vorgang als solchen (Zurückziehen von den eigenen, alltäglichen Gedanken wie z. B. im Yoga) entwickelt wurden.

Nur dafür sind die einzelnen Bedeutungen sinnvoll, für den meditativen Übungsvorgang werden sie nicht mehr gebraucht. Hier soll der Proband nur die einheitliche Wortformel, nur den durchgehenden Schriftzug gedanklich, also rein mental, wiederholen, reverberieren. Weil die *Formel-Worte* (zum Üben sind mehrere notwendig) nichts präjudizieren, denn die Bedeutungen sind völlig disparat, und doch wissenschaftlich im Sinne der Theorie früher Körperspiegelungen und des Wesens der imaginären und symbolischen *Signifikanten* aufgebaut sind, stellen sie ein neues, fundiert begründetes, psychotherapeutisches Verfahren dar. So beweiskräftig ist es noch nie gesagt worden.

Beweiskräftig ist es vor allem als Folgerung aus psychoanalytischem Argumentieren. Kreis und ,unendliche' Gerade sind die äquivalenten Elemente der Lacanschen Knotentheorien. Die Beziehungselemente aber, die in der Beziehung von Bewusstem zu Unbewusstem, von Imaginärem zu Symbolischen und damit auch zum Realen bewerkstelligen, die also einen Quotienten bilden (S verhält sich zu I oder umgekehrt), vermitteln das Wesentliche. Denn es soll ja das Symbolische real imaginiert werden, d. h. der imaginative Schwerpunkt in der Meditation, der imaginäre *Signifikant* der *Analytischen Psychokatharsis,* greift das Sprechen, das Es *Spricht*, aus dem Unbewussten in seiner dort geschnittenen, überlappenden Linguistik auf. Es greift auf die Phonem-Zusammenstellung, auf die B(r)uchstabenwirkung des *Formel-Wortes* im Unbewussten zu.[85]

Die im *Formel-Wort* durch die Schnittstellen gebrochenen Buchstaben (und besser also B(r)uchstaben genannt) attackieren im Unbewussten eben solche Stellen. Während eine Triebregung in Form eines Affektes wortlos ins Bewusstsein durchbricht, also nur Affektausdruck ist, werden die Triebregungen üblicherweise in der von Freud so bezeichneten „Vorstellungsrepräsentanz" im Unbewussten gespeichert. Sie sind Bild-Wort-Wirkendes, imaginäre und symbolische *Signifikanten*, in verschiedenster Weise getrennt, geschnitten, gebrochen. Innerhalb dieser Bruchstücke findet ein Übergang (Lacan: Transition) statt, der ermöglicht, dass die verdrängten und abgespaltenen Teile jetzt als Ganzes sichtbar und bewusst werden können. Bei diesen sichtbar und hörbar gewordenen und ins Bewusstsein drängenden Ganzheiten handelt es sich natürlich wieder um die *Pass-Worte*, da sie mit der Identität des Betroffenen zu

---

[85] Oudée Dünkelsbühler, U., Zeugnis & Schrift: B(r)uchstaben an der Couch, Les Etats Généraux de la Psychanalyse (2001).

tun haben. Sie benennen seine Identität, seine Pass-
genauigkeit.

Dies lässt sich erneut gut an dem nunmehr etwas mehr
beschrifteten Borromäischen Knoten sehen. Geht es z.
B. um den Sinn, liegt es an dem Schnitt bzw. an der
Überlappung zwischen dem Symbolischen und dem
Imaginären. Da die *Formel-Worte* keinen Sinn haben
(nochmals: sie sind aus disparaten Bedeutungen aufgebaut, die aber zusammen keinerlei Sinn ermöglichen),
eignen sie sich besonders gut dafür, einen solchen aus
dem Unbewussten in Form eines derartigen *Pass-
Wortes* hervor zu locken, ja gar zu erpressen. Der Sinn

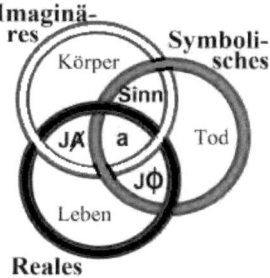

des *Pass-Wortes* kann total
abstrakt sein, so wie es im Äußeren meist ja die Worte der
Elfenturmgelehrten von der
Universität oder der Vorstände
psychoanalytischer Institute
auch sind.[86] Doch die *Passl-
Worte* berühren ja auch das
Objekt des Begehrens (a) und
die Formen des Genießens (JA und JΦ). JA ist die
'Jouissance de L'Autre', das Genießen des *Anderen*,
und JΦ die 'jouissance phallique', besser 'plaisir phallique' genannt, da es zum wahren Genießen keinen Zu-

---

[86] Freud sagte, dass die Wissenschaft etwas Paranoisches an
sich hat. Der im Unbewussten vorhandene Sinn wird – da angeblich zu sehr subjektbezogen – nicht tangiert. Es wird darüber hinweggeredet.

gang hat. Die *Passl-Worte* haben an allem gleichermaßen teil.

Mit all dem argumentiere ich nach wie vor nicht rein,
nicht puristisch, mathematisch, sondern im Lacanschen
Vorgehen, wo eine Eins eine Null für eine andere Eins
repräsentiert. Trotz des Fortschritts in der Mathematik
durch die Mengenlehre ist – wie schon erwähnt – immer
noch nicht klar, wie man empirisch zu den ersten ganzen Zahlen kommt. Denn die Menge als solche ist nicht
gleich einer runden Ganzheit, einer ,Eins' (griechisch
,hen' und nicht monos). Lacan schlägt daher Folgendes
vor: nicht eine Eins steht am Anfang der Arithmetik,
sondern ein „Eins fehlt", also die leere Menge. Sie wird
erst zur Menge, wenn sie ein Element hat.

Die ,Eins fehlt', die -1, steht deswegen am Anfang, weil
auch die gesamte Psychoanalyse darauf aufbaut. Ein
grundsätzlicher Mangel besteht nicht nur in jedem Leiden, sondern auch in jedem Sprechen davon. Dies hat
bereits der große antike Skeptiker Pyrrhon so ausgedrückt. Er akzeptierte alle Erscheinungen, also das, was
ich gerade das *Strahlt* genannt habe, aber nicht, dass
man darüber irgendetwas aussagen könne, also das
Spricht. ,Eins fehlt' somit, und dadurch lebte er glück-
lich und entspannt, gleichzeitig aber auch sehr gefähr-
lich, denn für ihn gab es somit keine Besitztümer, er
ging immer quer durch alle Grundstücke und Gärten, so
dass seine Freunde ihn ständig vor drohenden Inhabern
und beißenden Hunden schützen mussten. Es wäre vielleicht besser gewesen, er hätte *Analytische Psychokatharsis* praktiziert.

9. Lebenslüge und Genießen

„La sagesse, c'est quoi? . . c'est le savoir de la ‚jouissance',[87] was ich gerade noch übersetzen kann: Weisheit ist das Wissen ums Genießen. Und zwar ums allerletzte, autochthone Genießen. Lacan unterscheidet drei Formen des Genießens – entsprechend seiner Einteilung allen Seins in Imaginäres, Symbolisches und Reales – und sagt: das Imaginäre des Genießens ist die Körperlust, das Symbolische des Genießens ist die Sprechlust. Und erneut gesagt: Für das Reale des Genießens fungieren bei Lacan die Mathematiker, was ich praxisnäher durch die Übungen der *Analytischen Psychokatharsis* ersetzt habe, da ja für beides der Genuss im IRS liegt, im realen (realitätsnahen) imaginieren des Symbols, des exakt zutreffenden *Pass-Wortes*.

Für die Pflanzen und – wie ich an anderer Stelle schon zitiert habe – auch für die Bäume, die Amöben und die Bakterien gilt ein Genießen, das sich vorwiegend aus dem Imaginären speist, aber ein bisschen vom Realen muss mit dabei sein. Natürlich handelt es sich nicht um die menschliche Form der ‚jouissance', die ja dem ‚Ding' nahesteht und kaum von jemanden realisiert wird. Trotzdem kann man bei den Pflanzen – und warum nicht sogar in der materiellen Welt des Universums – von der ‚jouisance' sprechen, wobei man freilich sagen muss, dass ihnen das Symbolische, und hier jetzt also die Sprechlust, völlig fehlt. Doch umso mehr sprüht

---

[87] Lacan. J., Seminaire XIX, seuil (2011) S. 169

die ‚jouissance' im Bild-Wirkendem, im illustersten *Strahlt*.

Von der Sprechlust ist also bei ihnen noch nicht so viel nachzuweisen, so kann sie nur von den Menschen ausgeübt werden, die bekanntlich viel davon Gebrauch machen: die Frauen am Markt, die Männer im Fußballverein, aber auch sonst überall wo getratscht und gequatscht wird, herrscht die Sprechlust vor. Hervorheben kann man noch die Politiker und die Wissenschaftler, die glauben alles zu wissen und damit einig in ihrem Genießen glauben weise zu sein. Auch hier muss ein bisschen vom Realen dabei sein. Das beweisen nicht nur die Mathematiker. Bei den Begründern der Religionen und den recht fortgeschrittenen Philosophen, aber auch bei einigen Naturwissenschaftlern wirkt das Reale mit, wenn sie – mit Lust – von ihrer Disziplin sprechen.

Doch das alles ist nicht die ‚sagesse', die Weisheit, die sich auskennt mit dem Realen des Genießens. Später sagte Lacan dementsprechend auch ganz klar, dass die letztliche ‚jouissance' – sozusagen in ihrer umfassendsten und übergeordnetsten Weise oder in einer alle zusammenfassenden Form.[88] Er sprach auch vom realen Genießen des realen *Anderen*, das ist dann jener ohne quergestrichenes A. Ich habe dies vereinfacht bereits mit dem Begriff des ‚autochthonen Genießens' angedeutet, das überall vorkommt und vor allem Seiendem schon da war, wenn es auch als solches auch nur ‚exsistiert' – wie Lacan sagt – also sistiert (beharrt) von außerhalb (ex). Existieren kann es in den drei genannten

---

[88] Lacan, J., Seminar XXI, Vortrag vom 12. 3. 1974

Formen, doch mein Versuch geht dahin, die Kluft zwischen dem Existieren als dem reinen Sein und dem Ex-Sistieren als einem von der Psychoanalyse Lacans abgeleitetes, eigenes Verfahren der Selbstpraxis zu überbrücken, direkt zur Erfahrung zu bringen.

Dieses also der Flora innewohnende allerursprünglichste Genießen, das auch der menschlichen Erfahrung zugänglich ist, ist jedoch beherrscht vom Imaginären, von der Körperlust. Das sich in Form einer Selbstsublimierung der bereits erwähnten ersten Übung der *Analytischen Psychokatharsis* einstellende Genießen zielt beim Menschen jedoch viel bildlich komplexer in die Vertikale, als dies bei den Pflanzen möglich ist. Das so ausufernde menschliche Gehirn und Unbewusste ist mit Kanten und Ecken, Farben und schillernden Figuren, Zeichen und Signalen und vielem anderem mehr beschäftigt, was man sofort erfahren kann, wenn man eine winzig kleine Tablette LSD schluckt. Das halluzinatorische Spiegelkabinett öffnet nämlich damit seine Pforten. Aber es macht auch Körperlust, die in der Selbstsublimierung überstiegen wird bis hin zu einem ersten Aufleuchten der ‚jouissance‘.

An diesem Kipppunkt, bei dem ich auch wie schon zweimal erwähnt vom beseligenden, kathartischen ‚Durchrieseln‘ spreche, findet der Übergang zur zweiten Übung statt. Denn die Katharsis lässt sich ja nicht als Dauerzustand halten, so etwas käme einer manischen Verfassung gleich, wie sie früher bei Mystikern oder im Yoga vorgekommen sein mag, unter der aber ein kritisches, rationales Bewusstsein leidet. Auch in der Hypnose wie sie Freud noch anfänglich zur Therapie benutzt hat, kommt es zur Katharsis, aber sie findet im hypnotischen Zustand statt. In diesem Zustand bleibt der Proband von der Stimme des Therapeuten abhängig, ja, er gibt sich geradezu der genannten Körperlust hin. Die Menschen verwandelten ihre Symptome nur in einen Abhängigkeitsrausch. Die in der Hypnose erinnerten Bilder galten dann – wieder aufgewacht – nicht viel, sie schienen nur halbe Halluzinationen zu sein, zu denen man sich nicht bekennen musste.

Freud hat diese Methode verlassen, weil er den von vornherein mündigen, also sprechbereiten und bekennensbereiten Menschen die Wahrheit haben wollte. Doch hintenherum durch die ‚freien Assoziationen‘ und Deutungen an diese direkten Bilder heranzukommen, erwies sich als schwierig und zeitraubend. Die jedoch am Kipppunkt der ersten Übung in der *Analytischen-Psychokatharsis* auftretende Katharsis wird bewusst erfahren und hilft zum Einstieg in die zweite Übung. In dieser konzentriert man sich auf das Es *Spricht*, das zuerst in Form eines Es Verlautet, also einen inneren Ton oder Laut wahrnehmbar ist. Lacan weist z. B. an mehreren Stellen seiner Seminare auf den ‚Laut‘ und auf die rhythmischen Verlautungen hin, die dem Realen zugehören.[89] Man kann den ‚Laut‘ auch als Primärprozess des Sprechtriebs, des *Spricht* verstehen.

Bei der Konzentration auf den inneren ‚Laut‘ bleibt noch ein bisschen von der Katharsis bestehen, vielleicht kann man noch von etwas Hypomanischem sprechen.

---

[89] Lacan, J., Seminar II, Walter (1980) S. 327

Nach einiger Zeit dieser Übung des Nach-Innen-Lauschens treten jedoch auch Wortklänge auf, Phrase und *Passl-Worte* . Damit ist ein direkterer Weg gebahnt, in dem man nichts mehr so leicht verdrängen, verleugnen und verwerfen kann, da die Primärvorgänge des *Strahlt* und *Spricht* sich eng zusammenfinden und keinen Ausweg mehr vor der Wahrheit lassen.

Verdrängung und Verwerfung korrelieren engstens mit dem, was man eine Lebenslüge nennt. Sie wird dort am deutlichsten, wo man mit besonderer Anstrengung behauptet, die Wahrheit zu sagen. Schon etwas ganz klar, argumentativ geschliffen, betont transparent und auf Überzeugung bedacht zu sagen, steht schon der Lüge nahe oder ist selbst eine. Selbst das wissenschaftliche Sagen erweckt meist den Verdacht, dass etwas mit der Wahrheit nicht stimmt. Auch wenn es keine krasse Lüge ist, mit der Wahrheit hapert es zumindest, weil ein Sprachgefühl, eine Bezogenheit auf den anderen, ein authentisches und doch auch differenziertes Sprechen, das den anderen eben in die Begründungen einschließen würde, fehlt. Auch wenn zu wenig oder diffus gesprochen wird, ist zwar nichts gelogen, aber auch nichts wirklich gesagt. So gesehen kann man die Wahrheit eigentlich immer nur halb sagen.

Das Gleiche gilt auch für das gute Verstehen, das insbesondere den Psychoanalytiker betrifft, wenn er das, was sein Patient zwischen den Zeilen sagt, leicht auf eine vorschnelle, kurzschlüssige Lösung des anstehenden Problems zurückführt. Auch die erwähnten Marktfrauen, die untereinander tratschen, verstehen sich bestens, doch es handelt sich natürlich nicht um das Verstehen, was wahrheits-wissensmäßig notwendig ist. „Ich verstehe mich so gut mit meiner Nachbarin," sagte eine, aber in Wirklichkeit tauschen die Marktfrauen nur Oberflächlichkeiten aus, an denen es nicht allzu viel zu verstehen gibt, aber es vereint. Vor lauter Verstehen kann man ganz irrewerden, und so ist es vielleicht nicht falsch, das zu gute Verstehen vom wahren Begreifen zu unterscheiden.

Selbst bei einem Vortrag ist es nicht immer das Beste, wenn alles sehr gut verstanden worden ist. Oft ist es besser, wenn man nicht alles versteht, aber spürt, dass an dem Vortrag etwas Entscheidendes dran ist (und das war bei Lacan meistens der Fall). Versteht man alles, weil es schon so vorgekaut und simpel gesagt wird, schläft man vorzeitig ein. Merkt man aber das Besondere und Wichtige, das Neue und Zutreffende, das mitgeteilt wird, hält man die Ohren gespitzt. Man versteht vielleicht nicht alles, hat aber begriffen, dass an dem Gesagten etwas dran ist, was man noch klären kann. Wenn man den Inhalt nicht ganz erfasst hat, kann man ihn später noch nachlesen oder hört sich das Ganze eben nochmals an oder frägt erneut nach.

Denn wer versteht, weiß nur das, was auch der andere zu wissen meint. So wissen wir heute z. B. so ungeheuer viel über den Nationalsozialismus und die Zeit des Dritten Reiches und glauben nunmehr auch alles verstanden zu haben, trotzdem haben wir noch nicht begriffen, was damals wirklich passiert ist.[90] Exakt um dieses Phänomen geht es ja auch im Unbewussten. Denn „das Unbewusste ist der Teil des konkreten Diskurses als eines überindividuellen, der dem Subjekt bei der Wiederherstellung der Kontinuität seines bewussten Diskurses nicht zur Verfügung steht".[91] Es ist „das Kapitel meiner Geschichte, das weiß geblieben ist oder besetzt gehalten wird von einer Lüge". Es sind die Verdrängungen, die uns bei dieser Lüge helfen, die im Endeffekt sogar eine Lebenslüge werden kann, was hilfreich für den Tod ist. Wer nämlich dauernd die Vertuschungs,- Veruntreuungs- und pinocchioartigen Lügen-Kämpfe durchstehen muss, lebt nicht so lange.

Allerdings leben auch diejenigen, die wie die Doppelagenten nie lügen dürfen, nicht allzu lange. Wie eingangs erwähnt können sie kein Lügengebäude errichten, weil sie sich darin verirren würden. Sie verwerfen dafür von Anfang an die Wahrheit – die Wahrheit ihrer Beziehungen zu den Menschen – so vollständig, dass sie sich nur nach einem richtig und falsch orientieren können. Freilich gilt dies für sehr viele Menschen. Für die Finanzmanager ist es falsch Geld zu verlieren, notfalls ist sogar Betrug das Richtige. Für die Politiker ist immer alles richtig, was sie machen, nur die Gegenparteien machen alles falsch. Die Wahrheit, die die Gesellschaft,

---

[90] Maier, H., in der SZ vom 27.11.00, wo der Autor, ehemaliger Kultusminister in Bayern, diesbezüglich fragt: „Wie lernt man zu begreifen, was man schon weiß."

[91] Lacan, J., Schriften I, Walter (1980) S. 97- 98

die all die Beziehungen der Menschen zu anderen Menschen überspannen würde, ist verworfen.

Am schlimmsten ist es − und das schließt die obigen Beispiele ein − sich selbst zu belügen, und doch machen es fast alle. Denn meist erkennt man nicht rechtzeitig, worin der Kern der Lebenslüge sitzt. Sie sitzt − sehr vereinfacht gesagt − in einem Komplex der erotisch-infantilen Grundstrebungen einerseits und der aggressiven Strebungen andererseits. Beide sind jedoch so sehr verschieden strukturiert, bilden aber zusammen das ursprüngliche, unbewusst gebliebene Schicksalslogo, das dann in den *Pass-Worten* so trefflich herauskommt. Irgendwo sagt Freud einmal, dass die Psychoanalyse der Heilung nur wenig dienlich sein, wohl aber der Wahrheitsfindung. In der Wahrheitsfindung liegt das wahre Genießen.

Ich glaube gezeigt zu haben, dass herauszufinden, was es mit dem Spruch „Er ist an der Spitze der m a n" auf sich hat, sowohl ein derartiges Genießen wie auch eine Wahrheitsfindung beinhaltete, und ich damit also berechtigt von der Lust an der Wahrheit reden kann. Es handelt sich eben nicht um eine Wahrheit, die primär im sozialen Leben ihre Gültigkeit hat, sondern eher um eine, die eigentlich „m a n ohne Spitze" heißen müsste. Denn sie spielt sich zuerst einmal im Betreffenden selber ab. Wie weit er dann damit in die Gesellschaft hinaustritt und sie dort veröffentlicht, ist seine oder eben auch eine andere Frage. Um dies noch weiter und besser zu erläutern, berichte ich hier von einem zusätzlichen Beispiel, das ebenfalls das *Pass-Wort* eines seit längerem die *Analytische Psychokatharsis* Übenden war und zitiere später noch ein offenes, ehrliches Geständnis Freuds, das – gerade was die Wahrheit angeht – seine wahre Größe zeigt.

„Ihre Arbeitskleidung hat sie schon" klang dem gerade erwähnten Adepten der *Analytischen Psychokatharsis* aus der Tiefe herauf, und er wusste sofort, um was es ging. Mit ‚sie' war die Freundin gemeint, die er schon länger kannte und zu heiraten beabsichtigte. Und der Begriff ‚Arbeitskleidung' machte auch kein Problem, erzählte er mir, denn sie bestand gerade aus nichts, also nur aus ihrer nackten Haut, aus der gesamten Oberfläche des Sexappeals. So sehr ihn überhaupt das Auftreten solch eines *Pass-Wortes* erstaunte, so sehr erschrak er aber auch über die ironische, ja fast höhnisch vorgetragene Wahrheit dieses Spruchs, der seine Freundin zur Sexarbeiterin degradierte.

Doch empfand er auch eine erhellende Überraschung bezüglich der Flapsigkeit und Direktheit des Ausdrucks. Kein Freund, kein Therapeut hätte ihm das so überzeugend und entlarvend sagen können. Schon gar kein Moralapostel. Freilich war die Wahrheit auch spöttisch, frivol, ein Witz unter Männern, aber irgendwie war sie auch beschämend. Vor allem aber gehörte sie zuerst einmal nur ihm, und das beglückte ihn, das fand er richtig gut. Dass man in sich selbst den Wahrheitsdetektor vorfinden kann, erlebte er wie eine kleine Sensation. Er fühlte sich stark motiviert, mir davon zu erzählen und mit den Übungen weiter zu machen.

Aber er erzählte es auch bald danach seiner Freundin, worauf sich beide viel Zeit für Gespräche über ihre Beziehung nahmen. Hatte er sie immer nur so gesehen? Konnte man offen über Phantasien sprechen, die jeder hinsichtlich ihrer Verbindung hatte? Wie oft kommt man einfach nicht darauf, das richtige Wort, den richtigen Anfang eines Gesprächs zu finden? Man muss den Wahrheitsdetektor in sich anrufen, doch dies geht nicht in der üblichen Weise eines Vorsatzes oder einer Willensanstrengung mit besten Absichten. Wenn man einen Traum erzählen kann, wenn der andere ihn zu deuten weiß, mag dies ein ähnlich guter Einstieg in vertiefte und ehrliche Kommunikation sein. Aber wer kann dies schon? Selbst der Psychoanalytiker muss oft ganze Traumserien gehört haben, um eine zutreffende Deutung geben zu können.

Dagegen sind die *Pass-Worte*, die durch die aufschlüsselnde Struktur der *Formel-Worte* in Gang kommen, ein idealer Anstoß zur Selbsterfahrung, Selbstanalyse und erweiterter Kommunikation. Sie haben mit der Linguistik der Lüge, aber auch der der Wahrheit zu tun. Dass sie „ihre Arbeitskleidung schon immer hat", damit deckte mein Proband die Lüge auf, dass Frauen gerne in dieser Kleidung des Nichts arbeiten wollen. Es ist ja alles schon vorhanden, die Freundin braucht ja nur loszulegen, ironisch gesagt. Mein Proband wusste sehr wohl, dass dies nicht stimmte, aber er hatte es nicht begriffen, so wie ich es oben von der Geschichte des Dritten Reiches erwähnt habe. Auch im Unbewussten wissen wir alles, auch im Schlaf wissen wir oft, dass wir träumen, und selbst wenn wir dieses Wissen verstanden haben, haben wir es nicht begriffen.

Ich habe dieses Phänomen bereits am Beispiel des luziden Traums erwähnt, in dem man wie gesagt zwar weiß, dass man träumt, aber dieser Gedanke verstrudelt sich leicht wieder ins normale Träumen oder in den Schlaf zurück. Der Physiker F. A. Wolf hat dies in seinem Buch ‚Die Physik der Träume' – sich selbst widersprechend – gut beschrieben.[92] Er erzählt, wie er im luziden Traum Kindern begegnet, denen er erklärt, wie er durch alle Dinge hindurchgreifen kann (eine typische Fähigkeit in diesem Zustand), doch in diesem Moment hat er bereits vergessen, dass die Kinder gar keine wirklichen Kinder sind, sondern nur geträumte, und er so zweimal irrt: imaginäre Kinder und imaginäres Hindurchgreifen, damit ist er schon wieder fast im Schlaf. Was will er also eigentlich sagen?

Er will sagen, dass er etwas weiß, dass er etwas verstanden hat, aber er hat es nicht begriffen. Er hat nicht begriffen, um was es wirklich geht, und so palavert er nur um Identitätsproblem herum, das im luziden Traum gelöst erscheint. Man ist an die Gehirnwäsche erinnert, mit Hilfe derer die Chinesen heute die Uiguren zu chinapartei-treuen Puppen umorientieren wollen. Sie haben nichts von menschlicher Identität verstanden, in der die Wahrheit sich durchsetzen wird und die Uiguren Uiguren bleiben werden. In dem *Spricht* der *Pass-Worte* versteht man seine Identität nicht immer gleich ganz genau, aber es hilft, sie mehr und mehr wirklich zu begreifen.

---

[92] Wolf, F.A., Die Physik der Träume, Byblos Verlag (1995)

Dieses *Spricht* und *Strahlt* ist von der Nähe zur Psychose befreit, denn es unterliegt – wie Freud sagt – dem „Wächter unserer geistigen Gesundheit", der ‚Zensur', die selbst im Schlaf wirksam ist und von etwas ausgeht, das zwischen Es-Widerstand, Ich und Überich angesiedelt ist. Die ‚Zensur' verhindert, dass wir morgens als völlig anderer aufwachen, als der wir abends zu Bett gegangen sind. Und so hilft sie auch in der Halbwachheit der Meditation zu verhindern, dass ständig andere Gedanken als die der *Formel-Worte* überhand nehmen können. Nur in den kurzen Momenten, in denen der Zensor doch etwas nachgibt, kommen Allerweltsgedanken aber auch die *Pass-Worte* zutage, die man kurz rational überprüfen kann, oder als doch interessant aufnimmt und bewahrt.

Ich muss jedoch zugeben, dass eine gute Psychoanalyse ebenso treffliche Lösungsworte produzieren kann. So erwähne ich Freuds eigenen Traum hinsichtlich seines Sohnes im ersten Weltkrieg.[93] Nach einigen Assoziationen und offen legender Deutung, gesteht Freud hier, dass trotz der „schmerzlichen Ergriffenheit, wenn ein solches Unglück [der Sohn könnte verwundet oder gefallen sein] sich wirklich ereignete", ein wiederwachender Neid gegen die Jugend, ja fast ein versteckter Todeswunsch den Schmerz lindern könnte. Das ist eine unglaublich ehrliche und offene Schilderung, wie sie einfach in jeder Therapie notwendig ist. So sehr das

---

[93] Freud, S., GW II/III, S. 564 (Freud träumte von Nachricht des Todes seines Sohnes, der aber nicht wirklich stattgefunden hat).

herkömmliche psychoanalytische Verfahren umständlich und weitschweifig ist, rate ich doch jedem, der sich vertieft mit der *Analytischen Psychokatharsis* beschäftigt, zu wenigstens fünfzig Stunden einer analytischen Psychotherapie und zu ausführlicher, entsprechender Literatur.

Ich habe die *Formel*- und *Pass-Worte* deswegen erfunden, weil sie an die Wahrheit noch direkter herankommen wie das Beispiel mit der Arbeitskleidung zeigt. Weitere klare und präzise vorgetragene Argumente sind nicht notwendig. Die *Formel*- und *Pass-Worte* lügen nicht. Sie sagen zwar nicht selbst die Wahrheit, aber sie ermöglichen sie genauso wie es die Algorithmen tun. Doch gegenüber den Algorithmen, die Harari für die Zukunft voraussieht, indem diese sich selbst gegenseitig erneuern und verändern und das heutige Individuum völlig unterbuttern, sind die *Formel*- und *Pass-Worte* in ihrem Schnittstellen-Aufbau transparent. Sie können kein Eigenleben entfalten, sondern nur das Eigenleben dessen, der sich selbst sein Eigen nennt.

In diesem Zusammenhang kann ich nun nochmals endgültig zum ‚Ding‘ Stellung nehmen, weil es gerade mit dem absolut Eigenen etwas zu tun hat. Ich sehe im ‚Ding‘ zwar das Pendant, ein gegensätzlich Ergänzendes zum Übergewicht des Symbolisch-Realen in der Psychoanalyse, speziell in der Lacanschen Form. Es liegt also beim ‚Ding‘ eine Betonung des Imaginär-Realen vor, doch ergibt sich daraus ein Drittes, wobei eben das grundlegend Triadische, die Dreiheit anvisiert ist, die in der Diagonalen (Abb. Seite 54) ihr Ziel erreicht.[94] Ich habe dieses Ziel offen gelassen, oqohl mn dort gut das ‚Ding' hätte hin platzieren können.

Und damit verweise ich wieder auf den Einzelnen, der die *AnalytischePsychokatharsis* übt. Er, sein ‚Ding' ist letztendlich der/das Dritte. Auch wer glaubt, das Verfahren nicht ganz alleine erlernen und bewältigen zu können, kann sich natürlich an einen Therapeuten halten, der die Methode kennt oder ein analytisches Vorgehen favorisiert. Früher oder später wird man es jedoch alleine weiter verfolgen oder selbst an der Weiterentwicklung der *Analytischen Psychokatharsis* teilnehmen.

So habe ich selbst erst nach einigen Jahren der Anwendung der *AnalytischenPsychokatharsis* bemerkt, dass ein intensiv betontes, wenn auch nur gedankliches, Wiederholen der *Formel-Worte* in der Lage war, auch körperliche Beschwerden momentan, aber auch für einige Zeit zu lindern oder zu beseitigen. Mir ist erst dadurch bewusst geworden, wie stark gerade eine widersinnige, am Rande des Symbolischen stehende oder auch B(r)uchstaben-Sprache zu bezeichnende Artikulation Wirkung hat. Man ist gewohnt, tröstende, stärkende und aufwertende Worte der normalen, verbalen Buchstaben-Sprache als wirkungsvoll zu sehen. Aber anscheinend ist es nur die Prosodie dieser Sprache, die für die Wirkung verantwortlich ist.

Das Prosodische kommt natürlich in der B(r)uchsteben-Sprache noch viel deutlicher heraus und ist wohl neben

---

[94] Wenn man in der Psychoanalyse von der Triade spricht, ist immer die ödipale Drei von Vater, Mutter und Kind gemeint.

der Katharsis und dem ‚Durchrieselns' des Körperbildes
für die körperlich anmutenden Effekte (und der Vorbe-
reitung für die *Passl-Worte*) der eigentliche Verursa-
cher. Dadurch hat es auch so starken Einfluss auf körperliche Beschwerden.

Im übrigen ist es genau so wichtig anderen etwas davon
beizubringen wie sich selbst. Schließlich verhält es sich
ähnlich wie in der klassischen Psychoanalyse. Freud
selbst warb in seinem Plädoyer für die „Laienanalyse"
dafür, dass jeder, der Erfahrung mit seiner Methode gemacht hat, auch Therapeut werden könnte. Nun werden
allerdings wenige Patienten später selber Analytiker,
obwohl sie doch viel Erfahrung erworben haben und das
von mir entwickelte Verfahren speziell im Zusammenhang mit Astro- und Öko-Psychoanalyse ermöglicht jedoch einfacher, dass der Laie auch Mit-Wissenschaftler
wird.

10. Unwillkürliche Selbstgespräche

Simple Unterhaltung ist der Tod der Vertikalen. In der Unterhaltung wird nur etwas in der Horizontalen verstreut, was ohne Konsequenzen bleibt. Die Vertikale will etwas aussagen, etwas bestätigen, anerkennen, würdigen. Sie hat mit dem ‚Ding' zu tun, das mit der Diagonalen die Triade vollmachend ja eine objekthafte Art der Würde entstehen lässt. Schriftsteller, die noch etwas von Dichtung, also von Poesie, Epik, symbolischer Fülle oder anderen Formen großer Erzählkunst verstehen, werden immer die Vertikale zu schätzen wissen. So auch Peter Handke, der kurz vor dem Erhalt des Nobelpreises für Literatur im November 2019 Besuch von P. Kümmel bekam, einem Redakteur der Wochenzeitung DIE ZEIT.[95]

Dabei sprachen die beiden darüber, dass Handke in seinen Tagebüchern häufig den Ausdruck ‚u. S.' eingetragen habe. Das sei eine Abkürzung für ‚unwillkürliche Selbstgespräche', meinte Handke. Er schreibe sich da Gedanken auf, die ihm spontan, sozusagen ohne Vorwarnung kommen. Es handelt sich nicht um einen bewussten, linear gedachten Vorgang, um bewusstes Nachdenken und auch nicht nur um die üblichen kreativen Einfälle des Dichters. Als ich dies las, war meine Assoziation sofort, dass diese u. S. perfekt zur Erklärung der *Pass-Worte* in der *Analytischen Psychokatharsis* passten. Während man in der ersten Übung auf eine

---

[95] Kümmel, P., Was bedeutet ‚u.' ‚S.' ?, DIE ZEIT vom 2. 12. 2019, S. 44

innere, luzide Erfahrung, eine Helligkeit, einen Punkt
des *Strahlt* achtet, wiederholt man die *Formel-Worte*,
bis es zu deutlicher Entspannung und zu dieser kathartische Wahrnehmung kommt, z. B des besagten ‚Durchrieselns' im Körperbild. Doch sodann folgt das ‚unwillkürliche Selbstgespräch' mit dem Resultat der *Pass-
Worte*.

In der zweiten Übung dieses Verfahrens wird ja nun
diese Katharsis genutzt, in der man nach innen auf den
‚Ton', ‚Laut', auf das Es Verlautet, Es ‚*Spricht*' lauscht,
und dabei findet letztlich das Gleiche statt wie bei
Handkes ‚unwillkürlichem Selbstgespräch'. Ein willkür-
liches, ab-sichtliches Selbstgespräch führen wohl die
meisten Menschen wenigstens kurzfristig bei oder nach
aufregenden, emotionalen und bewegenden Vorfällen.
Dabei spielt man etwas bewusst durch, indem man zu
sich redet und einen imaginären Zuhörer unterstellt. Bei
einem ‚unwillkürlichen Selbstgespräch' handelt es sich
aber um etwas ganz anderes.

Man befindet sich hierbei in einem leicht versonnenen
Zustand, in dem vielleicht ein paar Erinnerungen auftauchen, blasse Reminiszenzen, auf keinen Fall irgendwelche konkreten Gedanken. Möglicherweise kommt
ein halbes Wort ins Bewusstsein, das sich plötzlich in
einen halblaut wahrgenommen Gedanken verwandelt,
der befremdlich klingt, einem wie von weit her zukom-
mend und dann doch klar aufgenommen und mit einem
nunmehr bewussten Gedanken konfrontiert werdend.
Schließlich muss man ja solchen halblaut wahrgenom-
menen Gedanken irgendwie antworten, insbesondere,

wenn dieser unwillkürlich, also wie fremd oder von wo anders her artikuliert wurde. Denn man hat diesen Gedanken dann bereits als einem zugehörig erfasst. Er betrifft einen, er geht einen an. Es ist kein nüchterner, lebloser, uneigentlicher Gedanke.

Es ist einer, den man trotz seiner Seltsamkeit sofort aufgreift, ihm entgegnet oder ihn als passend akzeptiert. Handke muss hunderte solcher Momente gekannt haben, obwohl er nie die *Analytische Psychokatharsis* ausgeübt hat, in der es also ebenfalls zu derartigen Selbstgesprächen kommt, die nun zwar ‚unwillkürlich' genannt werden können, aber absichtlich angestoßen, provoziert und zur Herausgabe gedrängt worden sind. Die Unwillkürlichkeit liegt in dem letztendlich zustande kommenden ‚Gedankenhören' des *Pass-Wortes*, das eine kreative Leistung des Unbewussten ist und somit nichts Selbstgemachtes, Selbsterdachtes und willentlich Hervorgebrachtes.

Als Dichter aber befindet man sich wahrscheinlich ständig in einem Universum von Vokabeln, Wörtern, Phrasen, Halb- und Ganz-Sätzen, Semantemen und leichten Delirien, die die Kreativität des Schreibers anstoßen. Lacan spricht diesbezüglich von „ultrareduzierten Phrasen" wie sie auch in den *Pass-Worten* zu Tage kommen, denn das Unbewusste lässt kaum je längere Wortpassagen zu. Diese Phrasen und Halb- oder Kurz-Sätze stellen eine Vermischung unbewusster Verbalisierungen dar (Freud sprach von unbewussten Gedanken, aber um fertige Gedanken handelt es sich nicht), die im Zuge des bewusster Werdens sich zu wirklichen Gedanken kristallisieren.

Wenn die alten Propheten der Bibel ganze Absätze als von Gott gesandt erfahren und verbal wiedergegeben haben, so haben sie eben auch eine Mischung der Kurz-Phrasen mit den eigenen, aus alter Zeit und von bedeutsamen Ahnen geäußerten Gedanken erstellt. Den Vorgang der Vermischung haben sie nicht so deutlich bemerkt. Wenn sie tagelang von einem Problem beherrscht waren, wenn sie schon in ihren Träumen Gott haben sprechen hören, haben sie das perfekt Analoge dazu ausgesprochen und waren sich sicher, dass es sich um göttliche Weisungen gehandelt hat.

Der Prophet Eliphas, beispielsweise war einer der drei Freunde Hiobs. Doch bekanntlich waren die drei nur ultraorthodoxe Besserwisser, die im überheblichen Professorenton Hiob belehren wollten, als es diesem ganz schlecht ging, obwohl er doch besonders fromm an Gott glaubte. Der Gott Hiobs war noch eine personifizierte Mächtigkeit, ein seelisch-geistiger Urvater, die Stimme des jüdischen-politischen Clans, der die Menschen damals schlecht und recht zusammen hielt. Der Psychoanalytiker C. G. Jung sah in Hiobs Gott eine gespaltene Persönlichkeit, in der sich die Gespaltenheit des *Selbst* der Menschen spiegelt und die nicht mehr durch Frömmigkeit, sondern nur durch Therapie gelöst werden könnte. So ließe sich das Geschehen bei Hiob vielleicht psychoanalytisch formulieren. Doch lösen solche Betrachtungen nicht die Probleme des heutigen Menschen.

Die Prophezeiungen von damals sind nicht die von heute.

Hiob ist in das Imaginär- und das Symbolisch-Reale verwickelt. Sein äußerlicher Erfolg als Guts- und Herdenbesitzer lässt ihn in der ‚Mehrlust' seines Reichtums und seiner Potenz schwelgen, und so verliert er sich in der ‚realen Illusion' frühkindlicher Einstellungen. Hiobs Gott „ex-sistiert" nämlich, obwohl er nicht da ist, d. h. er ‚sistiert', besteht, beharrt, ‚ex', außerhalb: selbst außerhalb der Sprache und Bilder. Diese Gottesvorstellung bezieht sich weniger auf den ‚symbolischer Vater', der als gerade mal Abwesender anwesend ist. Er ist vielmehr voll real, ja das Reale schlechthin, außerhalb auch all der üblichen und sonstigen psychoanalytischen Zuschreibungen. „Auf subtile Weise unterläuft dieser reale Gott auch die symbolische ‚Kastration'; die notwendige Trennung vom Ur-*Anderen*," die Trennung von der frühen Mutter, sie „wird abgewehrt, wenn nicht gar verleugnet," schreibt die Theologin Schneider-Harpprecht, die damit ihren Glauben rechtfertigen will.[96]

Aber auch ich sehe hierin eine Chance für die Erklärung von ‚unwillkürlichen Selbstgesprächen' und für die *Analytische Psychokatharsis*, die in ihren *Formel-Worten*, mit einem Fuß noch ‚sistierend' und mit dem anderen ‚ex' von der Sprache situiert sind. So sagte der erwähnte Eliphas einmal – wohl um seine Auffassungen zu bekräftigen – dass ihm nachts, im Dunkel des Halbschlafs Folgendes passierte: „Ein Wort wurde verstoh-

---

[96] Schneider - Harpprecht, U., Mit Symptomen leben, eine andere Perspektive der Psychoanalyse J. Lacans (2000)

len zu mir gebracht, und mein Ohr erlangte dann ein Flüstern davon." Das ließ ihn gruseln und schaudern, und er sagte, dass „das Haar seines Fleisches sich zu sträuben begann,"[97] ein klarer Fall von ‚durchrieselnder‘ Katharsis. Es mag erstaunlich klingen, aber in diesen zwei Aussagen aus dem Alten Testament ist das Wesen der ‚unwillkürlichen Selbstgespräche‘ und der *Analytischen Psychokatharsis* eben von einer ganz anderen Seite her beschrieben. Die erste Aussage bezieht sich auf das *Spricht* (Flüstern), die zweite auf das *Strahlt* (das Schauern, ‚Durchrieseln‘).

Eliphas nutzt aber die Chance nicht, daraus ein selbstanalytisches Verfahren zu kreieren oder wie Handke ein Buch zu schreiben. Er rettet sich aus der auftauchenden Angst, aus diesem Ur-Affekt, aus dem das Kleinkind sich in die ‚reale Illusion‘ oder in die Beziehungssymbolik mit seiner Mutter flüchtet, in seinen Gott. Bei Eliphas findet sich auf diese Weise die „ergreifendste Form des unterbrochenen Diskurses, nämlich das Gesetz als unverstandenes," als vorgeschobenes,[98] als die Ur-Verdrängung verleugnendes. Ich habe weiter oben Φ als die sexuelle Metapher erwähnt, sie ist aber von Lacan auch als der Unterbrecher des Diskurses der Geschlechter beschrieben. Hier, bei Hiob und Eliphas, ist eben der plakative Gott der Unterbrecher, der Herren-*Signifikant*, an den Eliphas sich hält, und der sich aus vorbildhaften Ahnen und mythischen Gesetzen herleitet. Im Stimmenhören und ‚Durchrieseln‘ war er noch als etwas

---

[97] Hiob 4, 12 und 15
[98] Lacan, J., Seminar II, Walter (1980) S. 166

‚Ex-Sistierendes', Originär-Originelles gegenwärtig, doch schon im nächsten Moment fängt Eliphas an einen Monolog zu halten, den er als eine Weissagung seines Gottes ausgibt. Er fällt wieder ins spekulative Insistieren zurück.

Das Gesetz als unverstandenes ist mythisch-magisch, es ist nicht durch Nachdenken oder Meditieren hinterfragt und durchgearbeitet. Eliphas Äußerungen zeigen ganz klar, dass er sich nur stur an die religiösen Regeln hält, die er nicht durchschaut, sondern sie nur herleitet, während Hiob sie zu durchschauen glaubt und sie in dieser ausgehöhlten Form ablehnt. Er will sie wieder auf ihre Ur-Essenz zurückführen. Hiob trifft damit wirklich auf den ‚Ex-Sistierenden', auf diesen ganz real *Anderen,* der unpersönlich ist, kein privater Gott, sondern eine Negation. „Es gibt einen Mangel im *Anderen,* (geschrieben als durchgestrichenes **A**, (A̶), und das, was ihm fehlt, ist ein *Signifikant.* Gott fehlt eine Erklärung für das Böse in der Welt."[99] Da liegt der Haken. Er ist ‚Ex', und was ‚Sistiert', ist der generelle Diskurs, der über den geschlechtlichen hinaus weiter geführt werden sollte, um nicht unterbrochen zu sein.

Ich bin überzeugt, dass Handke durch seine ‚unwillkürlichen Selbstgespräche' auf die gleiche Weise wie im Falle des Propheten oder der *Pass-Worte* Anregungen für seine rhetorische oder schriftstellerische Tätigkeit gefunden hat. Handke brauchte weder die Religion noch eine *Analytische Psychokatharsis,* er hatte in sich ein selbstanalytisches Vorgehen entwickelt bzw. es hat sich

---

[99] Lacan-entziffern.de

in ihm so ergeben. Er schildert, dass es sich in ihm wie in einem Dialog ereignet, in dem er sich selbst der *Andere* ist, den man zu einem Dialog eben benötigt. Bei Eliphas war der *Andere, groß* **A**, eben Gott, allerdings einer, den man quergestrichen (**Ⱥ**) schreiben müsste, denn wie sich in der Hiob-Geschichte ja herausstellt, ist er nur ein Ultraorthodoxer, ein Moralist und Dogmatiker.

Und so ist Handkes Anderes-Selbst sicher nicht immer der beste Literat gewesen. Auch wenn er jetzt den Nobelpreis für Literatur erhalten hat, war es eben die Mischung aus bewussten und unbewusstem Dichten, die ihm die Ehrung ermöglicht hat. Der oben erwähnte generelle Diskurs, „Die Sprache per se," sagt der Philosoph M. Heidegger zu dieser Thematik, „spricht vom Menschen . . Sie spricht als das Geläut der Stille". . . . Wir 'Sprechen' im Wachen und im Traum. Wir 'Sprechen' stets; auch dann, wenn wir kein Wort verlauten lassen, sondern nur zuhören oder lesen, sogar dann, wenn wir . . . einer Arbeit nachgehen oder in Muße aufgehen. Wir 'Sprechen' ständig in irgendeiner Weise. Wir 'Sprechen', weil 'Sprechen' uns natürlich ist', denn nur 'Als der Sprechende' ist der Mensch: Mensch".[100]

Es ist also kein Wunder und etwas völlig Natürliches, was Handke tut, wenn er ‚unwillkürliche Selbstgespräche' führt und halbmeditative Gedankenspiele betreibt. Der Philosoph P. Sloterdijk hat diesen Vorgang eine 'Einheit von Wachen und Denken' genannt und auf das

---

[100] Heidegger, M., Unterwegs zur Sprache, Verlag G. Neske (1993) S. 32-33

griechische Wort *sophronein* (sich besinnen) zurückge-
führt. So habe auch der Philosoph M. Heidegger versucht, das „Philosophieren wieder in den ‚vorsokrati-
schen' Zustand zurückzuversetzen, in dem . . diese
Einheit von Wachen und Denken noch möglich war."[101]
Sloterdijk nennt es auch eine „prokonfuse Einheit", weil
das spätere abendländische Denken ohne Wachen genauso wie das östlich-asiatische Wachen ohne Denken
nur Konfusion hervorgerufen hat. Neben Heidegger erwähnt Sloterdijk auch Foucault und F. v. Weizsäcker,
die dem 'paradoxen Ideal eines Präsokratismus auf der
Höhe des zeitgenössischen Wissens am nächsten gekommen seien'.

Damit kann ich wieder zur *Analytischen Psychokatharsis* zurückkommen. In ihr werden also die Selbstgespräche durch das Reverberieren der *Formel-Worte* angestoßen und lassen so die genannten *Pass-Worte* aus dem
Unbewussten auftauchen. Nochmals ein allerletztes Beispiel, das vielleicht ganz gut hierher passt. Vor einiger
Zeit vernahm ich beim analytisch-psychokathartischen
Meditieren folgende Phrase oder Kurzsatz: „Gibt's mir
schriftlich". Gibt's es mir schriftlich, Es, das *Spricht*?
Gebt es mir schriftlich, ihr, meine Leser? Ja natürlich,
ich will es endlich schriftlich haben, was mit mir, meinen Büchern und dem von mir entwickelten Verfahren
der *Analytischen Psychokatharsis* letztendlich auf sich
hat. Schriftlich, weil das die wahre ‚jouissance' herbei-
ruft.

---

[101] Sloterdijk, P., Du musst dein Leben ändern, Suhrkamp
(2009) S. 272 - 275

Automatisch führt man nach solch einem *Pass-Wort* ein kurzes Selbstgespräch, das jedoch kein banales, bewusstes Alltagspalavern darstellt, sondern eine Therapiestunde, einen wichtigen Gedanken aus dem Off, eine nicht mehr ganz diesseitige Kreativität. Freilich ist nicht jedes *Pass-Wort* eine göttliche Enthüllung, manche sagen einem gar nichts oder man kann sie nicht genügend rational nachbearbeiten. Dies ist oft nötig, wenn es sich auch nicht so schwierig und irrelevant verhält wie bei den meisten Traumsprüchen oder den Weissagungen der Pythia beim Delphischen Orakel. Bei der Traumdeutung muss der Psychoanalytiker meist ganze Traumsequenzen, die sich über Monate hinziehen, bearbeiten, und bei der Pythia waren es die Priester, die – wohl meist in deren eigenen Sinne – die letzte Auslegung der Prophezeiungen von sich gaben.

Die meisten Menschen sind keine Literaten mit Nobelpreishintergrund, keine Philosophen wie Heidegger oder Sloterdijk, und so kann ich ihnen getrost mein Verfahren empfehlen. Sie würden zu besseren Ergebnissen kommen, denn wie Handke seine ,unwillkürlichen Selbstgespräche' genau führt, hat er nie beschrieben oder erläutert, man kann sich also davon kein Stück abschneiden, um es nachzumachen. Die Methode der *Analytischen Psychokatharsis* kann jedoch allein von den paar Seiten, auf denen sie im Anhang beschrieben ist, von jedem bereits erlernt werden. Alles andere was ich in mehr oder weniger essayistischer Form in diesem Buch geschrieben habe, ist Rahmenwerk.

Anhang

Das Verfahren der *Analytischen Psychokatharsis* ist von seiner praktischen Seite her – wie schon zum Teil beschrieben – sehr einfach. Trotzdem noch eine kurze Zusammenfassung und weitere *Formel-Worte.* Man sitzt in bequemer Haltung und wiederholt rein gedanklich langsam hintereinander ein, zwei oder bis zu fünf *Formel-Worte,*[102] während man gleichzeitig darauf achtet, ob etwas auftaucht, das den Charakter eines ‚Es *Strahlt'* hat. Bei dem „*Strahlt"* kann es sich um eine Erhellung, Körperbildwahrnehmung, ein Schimmern, einen ‚Lichtpunkt' oder eine grundlegende Luzidität handeln, dem eben solch ein Phänomen zukommt. Das *Strahlt* ist also nicht etwas, das man selbst imaginieren, erzeugen oder gar erzwingen muss. Es ist in jedem Menschen als Primärform eines Kräftegeschehens (Triebkraft) vorhanden und muss so nur geweckt oder erwartet werden. Genauso kann aber auch ein ‚Durchrieseln' zu spüren sein[103]

---

[102] Weitere *Formel-Worte* sind in anderen Veröffentlichungen oder auch auf der hinten angegebenen Webseite zu finden. Vorerst genügen die hier erwähnten. Mehr als fünf sollte man nicht benötigen.

[103] Damit ist eine Erfahrung gemeint, die etwas mit atavistischen Gefühlsreaktionen zu tun hat. Die Frühmenschen haben noch viel mit ihrer unbedeckten Haut gefühlt, ertastet und umweltbezogen kommuniziert. Auch bei bewegenden Musikstücken, wenn es einem wie einen durch einen den Rücken herunterrieselnden Schauer erfasst, greifen wir auf diese eben besonders tief gehenden Emotionen zurück. In der *Analytischen Psychokatharsis* wird diese Erfahrung je-

oder die Empfindung auftauchen, wie sich das eigene Körperbild verschiebt, sich weitet oder es einfach nur als schwarze Farbe, als Fleck vor den geschlossenen Augen festzustellen ist. Denn schwarz ist schon eine Wahrnehmung, die sich von der Dunkelheit im Kopf ganz gering abheben kann. Egal was auch immer ‚gesehen‘ oder erfahren wird, es wird den Charakter von einem auch nur ganz geringem ‚Es *Strahlt*‘ haben, und das genügt.

Dadurch tritt eine Entspannung ein, eine Katharsis, ein Befreiungserleben, das besonders dadurch gesteigert werden kann, wenn gleichzeitig die besagten *Formel-Worte* rein mental geübt werden. Links unten ist nochmals ein weiteres *Formel-Wort* dargestellt. Auch dieses (RA-DIC-IT) ist kein normales Wort aus dem Lateinischen, aber es beinhaltet mehrere sich überschneidende Bedeutungen in einer Formulierung, es ist ‚linguistisch kristallin‘ aufgebaut wie es Lacan vom Unbewussten sagte. Außer dem radiat und dicit (*Strahlt* und *Spricht*) ergeben sich im Kreis geschrieben und von verschiedenen Buchstaben aus gelesen mehrere disparate Bedeutungen. So kann man hier z. B. auch „adi cit r" (geh heran, es bewegt R) „C i tradi" (hundert I übergeben), „citra di" (diesseits die Götter), „dicit ra" (es sagt ra), „r adic it" (füge r hinzu, es geht), „radi cit" (gekratzt werden, es bewegt sich), „trad ici" (erzähle,

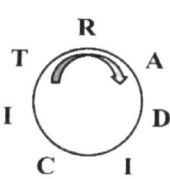

doch als Bestätigung einer Erkenntnis genutzt z. B. bei den *Pass-Worten*.

ich habe getroffen) etc. herauslesen, wobei vieles recht unsinnig klingt. Dies hat jedoch für den formalen Ausdruck keinerlei Bedeutung. Ausschlaggebend ist nur, die wissenschaftliche Begründung (mehrere Bedeutungen in einer Formulierung, Verwendung nur anderer Schnittstellen) klar darlegen zu können, und dies ist für das Verfahren sehr wichtig, weil man nur so volles Vertrauen in die Methode haben kann.

Dies ist die erste Übung, die auf tatsächlichen Vorgaben der Psychoanalyse beruht, weil durch das mentale Reverberieren eine Regression (ein innerlicher Rückzug) erzeugt wird, die sich gleichzeitig nur auf einen eingeengten Aspekt des Wahrnehmungs- bzw. Schautriebs konzentriert (das *Strahlt* Zudem setzt sich die *Formel-Wort*-Wiederholung an die Stelle dessen, was man in der Psychoanalyse den Wiederholungszwang, das unbewusste Wiederholen nennt. Dieses wird zumindest solange aufgehoben, wie die Übungen der *Analytischen Psychokatharsis* wirken. Ich habe schon im Haupttext angedeutet, dass dadurch eine wesentliche Hürde der klassischen Psychoanalyse vereinfacht und vermindert wird. Wichtig ist, dass es zu einer Katharsis kommt, zu einer Befreiungserfahrung und nicht nur zu einer simplen Entspannung. Man befreit sich dadurch wenigstens für einige Zeit vom unbewussten Wiederholungszwang.

Auch was andere Therapieformen und deren Probleme angeht, kann in der *Analytischen Psychokatharsis* meist vereinfacht umgangen werden. Es genügt nämlich nicht mehr, einfach einem Therapeuten oder Meditationslehrer zu glauben und seinen einfachen Anweisungen zu folgen. Man muss heutzutage auch verstanden haben, dass das Verfahren wissenschaftliche Grundlagen hat und man mitdenken kann und soll, damit nicht in tieferen Momenten der Übungen Abhängigkeiten

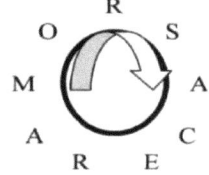

von der Ideologie der Methode, vom Lehrer bzw. Therapeuten oder irrationale Ängste auftreten. Das *Strahlt* (das Kristalline, Spiegelnde) der kathartischen Erfahrung ist also aus der Grundkraft des Wahrnehmungstriebs abgeleitet. Es ist somit etwas, das in jedem Menschen originär vorhanden ist, genauso wie das *Spricht* (das Linguistische, Verlautende).[104]

Nach dem R-A-D-I-C-I-T kann nun auch das *Formel-Wort* O-R-S-A-C-E-R-A-M hinzugenommen werden, denn sollte jemand wirklich Interesse haben, die analytisch-psychokathartische Methode zu erlernen, sind wenigstens drei dieser Formulierungen notwendig. Zwei oder gar nur eines würden einen zu schnell ermüden. In dem – einmal anders geschriebenen *Formel-Wort* C-E-R-A-M-O-R-S-A (Abbildung vorige Seite) stecken je nach Ausgangsbuchstaben folgende Bedeutungen: C

---

[104] In der Psychoanalyse gehen wir davon aus, dass in der Menschentwicklung die symbolische Ordnung bzw. die Sprache eine entscheidende Funktion einnimmt, die die Wahrnehmung in eine reine Sinnestätigkeit und eine Triebtätigkeit teilt. Die Sinnestätigkeit ist eine Wirklichnehmung, die Triebtätigkeit eine Wahrnehmungslust, zusammengefasst sprechen wir von Wahr-Nehmung. Das Wahre kommt durch die Sprache (Es *Spricht*) herein, die Nehmung durch die Wirklichkeit (Es *Strahlt*).

eram orsa (hundertfach war ich Beginnen, amo R sacer (ich liebe das heilige R), cera morsa (das zerstückelte Wachs), mors acer (der Tod ist bitter), amor sacer (die Liebe ist heilig) usw. Wie betont, kann man diese Bedeutungen gleich wieder vergessen. Sie sind zu disparat, also auf keinen Nenner zu bringen. Denn übt man sie in dem einheitlichen Schriftzug, wird man niemals den bitteren Tod mit dem zerstückelten Wachs und dem hundertfachen Beginnen in einem Sinngehalt zusammenbringen. Wichtig ist nur zu verstehen, wie die *Formel-Worte* aufgebaut sind, so dass man wissenschaftlich-intellektuell das Verfahren jeder Zeit hinterfragen kann. Kommen irgendwelche Gefühle oder Ideen hoch, die unpassend sind oder Angst machen, kann man nachdenken oder sich weiter über das Verfahren belesen. Blinder Glaube ist nicht gefragt.

Bei der zweiten Übung wird nunmehr auf genau dieses *Spricht*, dieses Körper-Echo, also auf einen von oben / rechts im Kopf herkommendes Verlauten, auf einen Ton, Laut, aus dem tiefen Inneren geachtet. Es sind schließlich Buchstaben, die aus diesem ‚typographischen' Raum herausklingen und die das Unbewusste dort gespeichert hält. Und genau in diesen Raum sind die *Formel-Worte* eingedrungen und haben die Buchstaben in ihrer B(r)uchstaben-haftigkeit geweckt und evoziert. Auch hier wieder gilt das Gleiche: es handelt sich um einen ganz originären Aspekt des Entäußerungs- bzw. Sprechtriebes, der in jedem Menschen als Primärprozess vorhanden ist und im Unbewussten sogar die Form ganz knapper, kompakter „innerer Sätze",

„ultrareduzierter Phrasen" annimmt (alles Begriffe Lacans für diese lautliche Erfahrung).

Auch hier können anfänglich nur ein feines Rauschen, ein ferner Laut oder Ähnliches wahrgenommen werden können, der Übende wird jedoch von Anfang an bemerken, dass es sich hier um eine Konzentration auf ein mehr oben-rechts oder oben-zentral im Kopf befindliches Hör-Sprechsystem handelt, zu dem die Echos des Körpers Beziehung haben, auf die hier zurückgegriffen wird. Auch wenn das eigentliche Hör-Sprechsystem im Kopf linksseitig angelegt ist, ist eben rechtsseitig das mehr rudimentäre, musikalische und der Regression besser zugängliche Hör-Sprechsystem vorhanden, und seine Echostruktur deutlich zu sehen. Dazu passen dann eher die kurzen Phrasen der *Pass-Worte*, während bei den längeren das linksseitige System (psychoanalytisch: das Vorbewusste) eine Rolle spielt.

Wenn man sich über Psychoanalyse etwas beliest und auch sonst Kontakt zu literarischer und wissenschaftlicher und sonstiger Kultur hält, und auch den vorliegenden Text gelesen hat, einen Versuch mit den Übungen gemacht hat, kurz: ein bisschen Bildungsbürger ist, wird man die oft sofort einsehbaren *Pass-Worte* richtig deuten. So schreibt Freud, dass man sogar manche Träume, die ja nun viel entstellter sind als die *Pass-Worte*, und die ja auch unmittelbar vom Symbolisch-Realen herkommen, direkt vom „Blatt weg ablesen" könnte. Man braucht nicht mehr den Träumer nach Einfällen dazu zu befragen und umständliche Interpretationen anzubringen.

Und noch ein letzter Hinweis, nach dem oft gefragt wird. Bemerkt man bei der Anwendung der *Analytischen Psychokatharsis*, dass der *Strahlt*-Anteil beim Üben zu stark ausfällt, wechselt man zur *Spricht*-Übung und umgekehrt. Ansonsten sind beide Übungen jeweils nur für etwa zwanzig Minuten durchzuführen. Der Wechsel von praktischer Erfahrung und theoretischem Denken ist wichtig, weil am Ende etwas Gemeinsames herauskommen wird: eine gedankliche Selbsterfahrung, eine praktische Logik, eine kathartische Analyse. Letztendlich finden beide Übungen zu einem inneren ‚Auftrag‘, einer Gewissheit von dem, ‚was es vom EIN gibt‘ zusammen und so auch zur Möglichkeit am Verfahren mitwirken zu können.

Andererseits habe ich bereits beschrieben, dass man manchmal nicht nur in Gedanken vom meditativen Vorgang abweicht. Manchmal weicht man sogar zwischen den einzelnen *Formel-Worten* zu Bildern, Erinnerungen, zu einem Gemisch von beiden und zu *Pass-Worten* ab, und kehrt doch wieder zum *Formel-Wort*-Reverberieren zurück. Der Fortgeschrittene wird dies durchaus als bereichernd erfahren, denn er lässt sich nicht in eine einseitige *Strahlt*- oder *Spricht*-Richtung verführen, sondern bleibt beim Fortschreiten in der engen Kombination der beiden Grundtriebe, Grundprinzipien, des Spiegel- und Echodiskurses, des Bild-Wort-Wirkenden.

Webseite: analytic-psychocatharsis.com

Literaturverzeichnis

Baggini, J., Ich denke, also will ich, dtv (2016)

Barkhaus, A., Mayer, M., Identität, Leiblichkeit, Normativität, Suhrkamp (1996)

Bauriedl, T., Beziehungsanalyse, Suhrkamp (1993)

Benthien, C., Wulf, Ch., Körperteile, Rowohlt (2001)

Bezzel, C., Wittgenstein, Junius (1996)

Breuer, R., Immer Ärger mit dem Urknall, Rowohlt (1993)

Brockman, J., Vogel, S., Wie funktioniert die Welt?, Fischer Taschenbuch (2013)

Byung-Chul Han, Die Austreibung des Anderen, Fischer Wissenschaft (201)

Byung-Chul Han, Die Errettung des Schönen, Fischer Wissenschaft (201)

Camus, A., Der Mythos des Sisyphos, Rowohlt (2018)

Carnap, R., Einführung in die Philosophie der Naturwissenschaft (1969)

Damasio, A. R., Descartes` Irrtum, Dtv (1997)

Dennet, D. C., Von den Bakterien zu Bacvh – und zurück, Suhrkamp (2018)

Davies, P., Gott und die moderne Physik, Bert. M. (1986)

Eccles, J. C., Gehirn und Seele, Piper (1987)

Eichmeier, J., Höfer, O., Endogene Bildmuster, U&S – Verlag (1974)

Fischer-Lichte, E., Performativität: Eine Einführung, transcript (2012)

Freud, S., Studienausgabe, Fischer (1989)

Goel, B. S. Meditation und Psychoanalyse, Ariston (1989)

Görz, G., Einführung in die Künstliche Intelligenz, Addison-Wesley (1996)

Harari, Y. N., Homo Deus, C. H. Beck (2017)

Heidegger, M., Unterwegs zur Sprache, G. Neske (1959)

Hilbrecht, H., Meditation und Gehirn, Schattauer (2010)

Hofstadter, D., Die Analogie, Klett-Cotta (2014)

Horgan, J., An den Grenzen des Wissens, Luchterhand (1997)

Jacobs, A., Schrott, R., Gehirn und Gedicht, Hanser (2011

Jakobson, R., Semiotik, Suhrkamp (1988)

Jakobson, R., On Language, Harvard University Press (1995)

Jung. C.G., Gesammelte Werke, Walter (1983)

Kant, I., Kritik der reinen Vernunft, Reclam (1966)

Kluge, F., Etymologisches Wörterbuch, W. de Gruyter (1989)

Lacan, J., Schriften I - III, Walter, (1975)

Lacan, J., Seminare I,I, VII, XI, XX, Quadriga (1980-1995)

Lacan, J., Seminaire Nr. III, Iv, VIII, XVII, Edition Seuil (1981-1994)

Lacan, J., Die Bildungen des Unbewussten, Turia & Kant (2006)

Lacan, J., Mitschriften der Seminare, VI, IX, X, XII, XV, B.R.L.F., Strasbourg

Laplanche, J., Pontalis, J. B., Das Vokabular Der Psychoanalyse, Suhrkamp (1989)

Linke, D., Kunst und Gehirn, Rowohlt (2001)

Maar, C., Pöppel, E., Christaller, T., Die Technik auf dem Weg zur Seele, Rowohlt (1996)

Merleau-Ponty, M., Das Sichtbare und das Unsichtbare, Fink Verlag (1994)

Pinker, S., Der Sprachinstinkt, Kindler (1996)

Plato, Sämtliche Werke, Insel Verlag (1991)

Popper, K. R., Eccles, J. C., Das Ich und sein Gehirn, Piper (1989)

Potthoff, P., Die Begegnung der Subjekte, Psychosozial-Verlag (2014)

Roazen, D., Der innere Sinn, Archäologie eines Gefühls, Fischer (2012)

Roheim, G., Die Panik der Götter, Kindler (1975)

Rosset, C., Das Reale in seiner Einzigartigkeit, Merve (2000)

Rüdinger, D., Perrez, M., Anthropologische Aspekte der Psychologie, O. Müller (1979)

Rudgley, R., Abenteuer Steinzeit, Kremaye & Scheriau (2001)

Schmidt-Hellerau, C., Lebenstrieb & Todestrieb, Libido & Lethe, Verlag Intern. Psychoanalyse (1995)

Searle, J. R., Geist, Hirn und Wissenschaft, Suhrkamp (1992)

Seidler, G. H., Der Blick des Anderen, Verlag Intern, Psychoanalyse (1995)

Sinz, R., Gehirn und Gedächtnis, Fischer Utb (1981)

Strowik, E., Sprechende Körper, Fink-Verlag (2009)

Thompson, R. F., Das Gehirn, Spectrum (1994)

Thorne, K. S., Gekrümmter Raum und Verbogene Zeit, Knaur (1996)

Tipler, F. J., Über die Omegapunkttheorie, Piper (1994)

Uexküll, Th., Fuchs, M., Subjektive Anatomie, Schattauer (1994)

Weiss, Der Andere in der Übertragung, Frommann-Holzboog, (1988)

Weizsäcker, C. F. von, Die Einheit der Natur, Dtv (1995)

Weinberg, S., Der Traum von der Einheit des Universums, Bertelsmann (1993)

Weizenbaum, J., Die Macht der Computer, Stw (1977)

Wiener, O., Probleme der Künstlichen Intelligenz, Merve (1990)

Wilhelm, R., Informatik, C.H.Beck (1996)

Wilson, E. O., Der Wert der Vielfalt, Piper (199

Wolf, F. A., Die Physik der Träume, Byblos (1996)

Wygotski, L.S., Denken und 'Sprechen', Fischer (1981)

Weitere Bücher des Autors aus dem MCS-Verlag

Analytische Psychokatharsis
Psychoanalytische Theorie und kathartische Meditation können nicht einfach ineinander überführt werden. Setzt man beide Verfahren aber durch ein entscheidendes Element (einen „linguistischen Kristall") in Beziehung, lässt sich ein eigenes neues Verfahren begründen. Die Psychoanalyse und die meditativen Methoden werden diskutiert, und die Praxis des eigenen Verfahrens wird ausführlich beschrieben.

Die Revolte des Selbst
Die klassische Methode der Analyse des Unbewussten stellt eine zu theoretische Revolte des Selbst dar. Um in der Praxis Erfolg zu haben bedarf es eines direkteren selbstanalytischen Verfahrens, das jeder aus sich selbst heraus entwickeln kann. Formulierungen, die in einem einzigen Schriftzug mehrere Bedeutungen enthalten, können das Unbewusste jedes Einzelnen durch mentales Üben aufbrechen und zu sich selbst befreien.

,teetrunken' Ausgangspunkt des Buches stellt die Lehre des Psychoanalytikers O. Graf Wittgenstein dar, der davon ausging, dass der Mensch in sich drei Teile birgt, die er nur verschiedentlich zu einer Einheit bzw. einheitlichen Persönlichkeit verbinden kann. Die letztliche und ideale Einheit nennt er den 'Trialog'. Anhand der Schilderung mehrerer Bergbesteigungen durchstreift der Autor alle möglichen kulturellen und psychologischen Fragestellungen, um im Endeffekt den 'Trialog' durch das Wandern, Meditieren und intellektuelle Verarbeiten zu erreichen.

Yoga und Psychoanalyse

An Hand einer wissenschaftlichen Biographie des Religionswissenschaftlers und Yogalehrers Kirpal Singh (Surat Shand Yoga) werden alle Yogaformen von der Seite der Psychoanalyse her betrachtet. Es ergibt sich die Notwendigkeit ein eigenes Verfahren zu begründen, das der Autor auch *Analytische Psychokatharsis* nennt. Zahlreiche Bilder und Schemata machen das Buch anschaulich.

FSC

www.fsc.org

MIX

Papier aus ver-
antwortungsvollen
Quellen

Paper from
responsible sources

FSC® C105338